走进"一带一路"丛书

浙江省社科联社科普及课题（22KPWT06ZD-6Z）

印度洋上的蓝宝石
斯里兰卡

徐 磊 刘咏秋 著

浙江工商大学出版社
ZHEJIANG GONGSHANG UNIVERSITY PRESS
·杭州·

图书在版编目(CIP)数据

印度洋上的蓝宝石：斯里兰卡 / 徐磊，刘咏秋著.
— 杭州：浙江工商大学出版社，2023.9
（走进"一带一路"丛书）
ISBN 978-7-5178-4796-0

Ⅰ.①印… Ⅱ.①徐… ②刘… Ⅲ.①斯里兰卡—概况 Ⅳ.①K935.8

中国版本图书馆 CIP 数据核字（2022）第 015943 号

印度洋上的蓝宝石——斯里兰卡
YINDUYANG SHANG DE LAN BAOSHI——SILILANKA

徐　磊　刘咏秋　著

出 品 人	郑英龙
策划编辑	王黎明
责任编辑	王　琼
责任校对	何小玲
封面设计	朱嘉怡
责任印制	包建辉
出版发行	浙江工商大学出版社
	（杭州市教工路 198 号　邮政编码 310012）
	（E-mail:zjgsupress@163.com）
	（网址:http://www.zjgsupress.com）
	电话:0571-88904980,88831806（传真）
排　　版	杭州朝曦图文设计有限公司
印　　刷	杭州高腾印务有限公司
开　　本	880mm×1230mm　1/32
印　　张	6.25
字　　数	157 千
版 印 次	2023 年 9 月第 1 版　2023 年 9 月第 1 次印刷
书　　号	ISBN 978-7-5178-4796-0
定　　价	59.80 元

走进"一带一路"丛书顾问委员会

田长春　中国前驻阿尔巴尼亚共和国、亚美尼亚共和国大使

华黎明　中国前驻伊朗伊斯兰共和国、阿拉伯联合酋长国、
荷兰王国大使

李华新　中国前驻伊拉克共和国、阿拉伯叙利亚共和国、沙
特阿拉伯王国大使,驻悉尼总领事

李瑞宇　中国前驻丹麦王国、意大利共和国大使

吴正龙　中国前驻克罗地亚共和国大使

吴思科　前中国中东问题特使,中国前驻沙特阿拉伯王国、
阿拉伯埃及共和国大使

闵永年　中国前驻阿拉伯埃及共和国使馆参赞、驻文莱达鲁
萨兰国大使

宋荣华　中国前驻菲律宾共和国宿务总领事

郁红阳　中国前驻约旦哈西姆王国、伊朗伊斯兰共和国、土
耳其共和国大使

赵　彬　中国前驻奥地利共和国大使

柴　玺　中国前驻孟加拉人民共和国、马耳他共和国、马来
西亚大使

黄惠康　联合国国际法委员会委员,中国前驻马来西亚大使

傅元聪　中国前驻东帝汶民主共和国大使

丁喜刚　新华社前驻达喀尔分社首席记者

王　波　新华社前驻伊拉克共和国、科威特国、沙特阿拉伯王国和巴林王国分社首席记者

刘咏秋　新华社驻罗马分社记者,前驻希腊共和国、斯里兰卡民主社会主义共和国分社记者

陈德昌　新华社前驻希腊共和国分社、塞浦路斯共和国分社首席记者

明大军　新华社前驻曼谷分社、驻耶路撒冷分社首席记者

章建华　新华社驻堪培拉分社首席记者,前驻喀布尔、河内和万象分社首席记者

特别顾问

马晓霖　浙江外国语学院教授,环地中海研究院院长

走进"一带一路"丛书编委会

目 录

开篇

近 20 年前，当笔者被派往斯里兰卡做常驻记者时，除了这个国家在地图上的大致位置外，笔者几乎对其一无所知。在结束 6 年多的常驻记者任期后，斯里兰卡成了让笔者魂牵梦萦的国度，而同胞们对这个国家的认知，也远非十几年前可以比拟。

然而，斯里兰卡依旧是一个被严重低估的国家。

一个国家很多方面都可以改变，但地理位置无法改变，而斯里兰卡在这方面可以说是得天独厚。去报道斯里兰卡南部汉班托塔港开工典礼时，专家们告诉笔者：从港口往南航行十几海里，就是繁忙的印度洋主航道。

斯里兰卡是印度洋上的岛国，背靠南亚次大陆，西北隔保克海峡与印度相望，南面邻近赤道，西面是阿拉伯海，东面是孟加拉湾，扼守印度洋主航道要冲，是东南亚和中东、北非之间船只往来的必经之地。

仅从石油来看，中国 75％的石油进口、日本 90％的石油进口、印度 85％的石油进口都须通过印度洋。从距离来看，斯里兰卡几乎位于霍尔木兹海峡和马六甲海峡的中间点上，因此在国际航运中，被称为"东西方的十字路口"，在海运上的重要性不言而喻。

与其地理位置紧密相连的是其在国际政治格局中的分量。虽然斯里兰卡从人口、国土面积和经济发展程度来说都不是大国，但其在国际政治格局中的作用却不容小觑。传统上，斯里兰卡在国际政治格局中采取"不结盟"政策，积极参与国际和地区政治,主张和平中立,反对侵略和战争,支持《联合国宪章》的原则和目标。这一政策一方面维护了国家外交政策的独立自主,另一方面也有利于摆脱国际政治格局变动所带来的风险。在与世界主要大国的关系方面,斯里兰卡采取的是"大国平衡"策略,与其近邻印度以及中国、美国、日本等都保持着友好关系,为自身发展争取到了有利的国际环境。

斯里兰卡还是一个环境优美、文化资源丰富的国家。从自然环境方面来看,说它是一个"热带大花园"并不为过。在这里,大自然的美景随处可见,而且未遭到破坏。世界上极少数地方能像斯里兰卡这样,在一个集中区域给旅行者提供如此丰富的资源:迷人的景致、原始的海滩、令人着迷的文化遗产。

在这片面积仅 65610 平方千米的土地上,国家公园和自然保护区众多,两者约占斯里兰卡国土面积的 8%,其中有 15 座国家公园拥有丰富的野生动物资源。这里是世界上物种丰富的区域之一,有壮观的象群、迅捷的斯里兰卡豹、绚丽的鸟类,还有庞大的蓝鲸、成群的海龟。除此之外,斯里兰卡还有广阔的高山茶园、各类香料植物园、瀑布水域。尤为珍贵的是,这片美丽的国土上还点缀着数个可以追溯至 2500 年前的世界文化遗产。

中斯友好交往历史悠久。斯里兰卡在中国古代典籍中被称为师(狮)子国或僧伽罗国等。410 年,晋代高僧法显赴斯游学,取回佛教经典并著有《佛国记》一书。明代航海家郑和下西洋时多次抵斯。15 世纪,斯里兰卡一王子访华,回国途中在福建泉州定居,其后代现仍在泉州和台湾定居。斯里兰卡沦为西方殖民地后,中斯关系一度中断。

中国和斯里兰卡是真诚互助、世代友好的战略合作伙伴。1950 年,斯里兰卡承认中华人民共和国。1957 年 2 月 7 日,两国建交。中斯一直保持着友好关系,高层往来不断。两国在许多重大国际和地区问题上拥有广泛共识,保持良好合作。中国一直在人权问题上坚定支持斯方,多次在国际场合为斯里兰卡仗义执言。斯里兰卡政府在台湾、西藏、人权等问题上一贯给予中国坚定支持。

近年来,"一带一路"建设给中斯两国进一步加强友好合作关系提供了契机。中方高度重视发展中斯关系,愿同斯方共同规划好两国关系战略方向,推动中斯关系稳步前行。中方愿同斯方稳步推动科伦坡港口城、汉班托塔港等重点项目,高质量推进共建"一带一路",为斯里兰卡经济复苏和可持续发展提供强劲动力。中方愿同斯方继续在涉及彼此核心利益问题上相互坚定支持,捍卫自身合法权益,促进国际公平正义,维护好发展中国家共同利益。

斯里兰卡领导人也表示,愿同中方紧密协作,坚定支持彼此在核心利益问题上的立场,维护双方共同利益。斯方愿同中方扩大基础设施、旅游等领域合作,顺利推进科伦坡港口城等重点项目建设,相信这将助力斯里兰卡经济社会发展,使斯里兰卡人民更多受益。可以预见,中斯友好合作之路,会越走越宽。

上篇 斯里兰卡的前世

天赋异禀　人文璀璨

斯里兰卡是印度洋上的岛国，位于北纬 5°55′至 9°50′、东经79°42′至 81°53′之间，在南亚次大陆南端。斯里兰卡国土面积为 65610 平方千米，海岸线长 1340 千米，主岛面积为 65268 平方千米，大致呈梨形，南北长 432 千米，东西宽 224 千米，是世界上第二十五大岛屿，主岛周边分布着的数十个近海岛屿占300 多平方千米。中南部是高原，其中的皮杜鲁塔拉格勒山海拔 2524 米，为全国最高点。北部和沿海地区为平原，其中北部沿海平原宽阔，南部和西部沿海平原相对狭窄。

斯里兰卡的地理位置决定了其数千年的历史，未来也将继续如此。在古代，斯里兰卡位于罗马帝国和中国两大国家的中点，靠近赤道，洋流时常受季风影响而改变方向。因此，它在全球以及航行环境方面具有战略地理优势，在以贸易为主的"海上丝绸之路"中更是占有重要地位。现在斯里兰卡不仅是我国"21 世纪海上丝绸之路"上的重要支点，还是"中巴经济走廊"与"孟中印缅经济走廊"延伸线的交会点，其地理位置对我国的战略重要性不言而喻。

斯里兰卡属于热带季风气候，终年如夏，年平均气温 28℃，年平均降水量 2054 毫米（2019 年）。沿海地区平均最高气温31.6℃，平均最低气温 24.2℃；山区平均最高气温 26.6℃，平均最低气温 18.2℃。斯里兰卡无四季之分，只有雨季和旱季的差别，雨季为每年 5 月至 8 月和 11 月至次年 2 月，即西南季风和东北季风经过斯里兰卡的时节。全年降水量西南部为2540～5080毫米,西北部和东南部则少于1250毫米。

斯里兰卡河流众多,主要河流有16条,大都发源于中部山区,经常受地形影响而中断,因此流域短且流势湍急,但水流量很丰富。最长的河流是马哈韦利河,全长335千米,发源于斯里兰卡岛中部,最终汇入亭可马里湾。河的上游是未通航的激流,其间河流蜿蜒经过峡谷,河流跌下悬崖形成瀑布,幽深的峡谷水汽弥漫,景色绮丽。下游漫延于平原,经常出现季节性洪水。这条河在降水不足的时候灌溉着斯里兰卡东部地区。此外,斯里兰卡东部是较低的平原地区,湖泊星罗棋布,其中巴提卡洛湖的面积是最大的,为120平方千米。

斯里兰卡面积虽小,但丰富的景观风貌让其成为世界上最美丽的地方之一。这个岛国有挺拔的高山,在西部高原的南端,雄伟的亚当峰既是朝觐圣地,也是著名的风景区。海拔30～200米的平原,覆盖了斯里兰卡东部和北部的岛屿,肥沃的土壤养育着平和的斯里兰卡人民。沿海地带则零星散布着岛屿,沙滩和潟湖风景宜人。最好的海岸线位于南部沿海、西南沿海和东部沿海,这里有绵延的白色沙滩,椰林下的酒店和度假村,是世界著名的度假天堂。

海湾／刘咏秋摄

斯里兰卡分为 9 个省和 25 个区。9 个省分别为西方省、中央省、南方省、西北省、北方省、北中省、东方省、乌瓦省和萨巴拉加穆瓦省。斯里兰卡共有 8 处世界遗产，其中 6 处为世界文化遗产，2 处为世界自然遗产。其中，中央省有 5 处世界文化遗产，分别是阿努拉德普勒圣城、锡吉里亚古城、丹布勒金寺、波隆纳鲁沃古城、康提圣城。还有 1 处世界文化遗产是南方省的加勒古城及其城堡。

阿努拉德普勒是斯里兰卡古都和佛教圣地，位于斯里兰卡中北部，在首都科伦坡东北 205 千米处，始建于公元前 5 世纪。公元前 3 世纪，佛教圣徒僧伽密多把一枝从佛教"启蒙树"菩提树上剪下的枝条带到古锡兰（今斯里兰卡）。以这枝菩提树枝条为中心，人们建起了阿努拉德普勒圣城。至 10 世纪，它一直是僧伽罗王朝的都城，有 1300 多年的辉煌历史。993 年，因遭遇外敌入侵，这座圣城被人们遗弃。在茂密的丛林中隐藏了许多年后，19 世纪，这座古圣城的遗址重新被人们发现，经整修，现成为佛教朝礼中心及游览胜地。1982 年，阿努拉德普勒作为世界文化遗产被列入世界遗产名录。

阿努拉德普勒是斯里兰卡最早的国都，不仅仅是一座城市，还是南亚最大的佛教中心，每年有成千上万的朝拜者和游客纷至沓来。圣城中央围有一圈 10 米高的丛林覆盖的土墩，标志着这是古代城市的中心，土墩外边围绕着 30 多平方千米的佛教寺院和许多巨大的蓄水池。佛教建筑中最引人入胜的当数 4 座大佛塔、泥制的圆形屋顶和矗立在一个佛教废墟上的砖石，它们在一望无垠的稻田和丛林中分外显眼。

阿巴雅格里佛塔/刘咏秋摄

锡吉里亚古城在斯里兰卡首都科伦坡东北约 170 千米处，位于高约 200 米的狮子岩上。锡吉里亚壁画是斯里兰卡历史上唯一流传下来的非宗教题材壁画，绘有迦叶波一世的嫔妃、天女等几十个女性飞天散花等形态的画数百幅，与印度尼西亚婆罗浮屠、柬埔寨吴哥窟和印度阿旃陀石窟齐名，1982 年被列入世界遗产名录。

5 世纪，斯里兰卡孔雀王朝的王子卡西雅伯弑父篡位后，惧怕逃亡印度的兄弟目犍连回来复仇，离开了首都阿努拉德普勒，迁到锡吉里亚峰上建帝都，把这座山峰建成固若金汤的辉煌王宫。但是 18 年后，他还是死于目犍连之手。此后锡吉里亚王宫被遗弃，直到 1894 年才被欧洲的一位考古学家发现。锡吉里亚古城是千年来亚洲保存最完好的城市中心，斯里兰卡传统建筑风格在这里表现得淋漓尽致：城东和城西，两条护城河和三面城墙环绕着两个矩形城区，高达 200 米的中心巨石狮子岩拔地而起；林荫下花园、小径与水榭楼台交融一体；对称和非对称的建筑元素相得益彰；变化多端的平面、轴线和半径设计完美地结合在一起。

丹布勒金寺是斯里兰卡佛教寺窟,位于斯里兰卡岛中部,距科伦坡城东北149千米、古都康提北60千米。丹布勒金寺建于公元前1世纪,是斯里兰卡最大、保存最完整的洞穴庙宇群。1991年被列入世界遗产名录。

丹布勒岩洞是公元前1世纪瓦拉加姆巴国王被驱逐时的避难所,拥有2200多年的历史。当时,瓦拉加姆巴国王被南印度的入侵者逼迫,离开了都城阿努拉德普勒,躲到了丹布勒附近的石山上,当地僧人收留了他,把他藏到了岩洞里。14年后,国王赶走印度人,夺回了王位。为了报答僧人的救命之恩,他命人把丹布勒石窟建造成了一座宏伟的岩石寺庙。最初寺庙只有3窟岩洞,后来扩展到了5窟。寺中有面积达2100平方米的壁画及157尊雕像。有一卧佛长达14米,由整块岩石雕刻而成,形制奇伟。

波隆纳鲁沃古城位于斯里兰卡东北部,在首都科伦坡东北216千米。波隆纳鲁沃是与阿努拉德普勒齐名的古都,于368年成为国王驻地。993年,波隆纳鲁沃成为斯里兰卡的首都。10世纪末,当时的国都和佛教中心阿努拉德普勒开始衰落,波隆纳鲁沃因此取而代之,声名鹊起。波隆纳鲁沃于14世纪起趋于荒废,1982年被列入世界遗产名录。

波隆纳鲁沃古城的建筑风格样式和布局结构,与古都阿努拉德普勒有很大不同。点缀在古城中的巨大的人工蓄水池和内海为此处风景增色不少。较之阿努拉德普勒,波隆纳鲁沃的纪念碑修缮工作要略胜一筹,因为它们被存放在更为密闭的地方,所以更有利于后世研究。在原先属于王室领土和宗教中心的一小块地区内,人们发现了大量纪念碑,以及数量繁多、千姿百态的佛像。这里有比科伦坡湾面积还大的人工水库——波罗迦罗摩海,还有国王议会大楼、皇家城堡、皇家楼阁和铺设了月光石的纪念堂,以及精美的巨大佛像。

波隆纳鲁沃古城遗址/刘咏秋摄

　　康提圣城是斯里兰卡第二大城市,位于斯里兰卡中部山区,现为康提省省会所在地。康提距首都科伦坡东北115千米,依山傍水,风景秀丽。康提又名马哈努沃勒,由君主维克拉玛巴胡建于14世纪,1480年始为首府,在1815年被英国人征服之前,文化繁荣。康提建筑具有自己的鲜明特色,形式单纯简朴,但装饰极为丰富华丽,地方风格浓郁。1988年被列入世界遗产名录。

　　康提所在地段是一条海拔500米的山谷,林木茂密,斯里兰卡最长的河流——马哈韦利河绕城而过。该城不仅风光秀丽,在古代还是一座易守难攻的城堡,极具战略意义。

　　康提佛牙寺为著名的历史建筑物,是佛教徒的朝圣之地。佛牙寺紧邻王宫,建在一长方形花岗石基上。寺为2层,奶白色的墙体,红瓦大檐顶,庄严肃穆。寺庙外观虽不豪华,但内部装饰非常讲究。供奉的释迦牟尼佛牙舍利原为印度王公们收藏,317年,南印度羯陵伽国国王战败,它被公主藏在发髻中带到古锡兰,一直被斯里兰卡视为最高等级的国宝。斯里兰卡历任统治者都对佛牙顶礼膜拜。

　　一年一度的佛牙节会吸引来自国内外的游客,是世界上最丰富多彩的活动之一。大约100头装扮华丽的大象和1000多名舞蹈演员、鼓手、绅士在寺院管理人的带领下游行,沿途有几十万观客,向由大象首领驮着的、置于神龛里的宝盒致意——宝盒里装着佛牙舍利复制品。队伍连续几天在大街上游行,直到8月满月为止。

　　除了佛牙寺以外,康提还有世界知名的植物园,占地0.6平方千米,这里曾经是皇家园林,种植着很多奇花异草。另一处景点是大象孤儿院,里面收养着80多头大象孤儿。

皮纳维拉大象孤儿院/刘咏秋摄

　　加勒古城(又名高尔古城),是距离首都科伦坡175千米的南部海滨小城,拥有三面临海的深水天然良港,地理位置优越,自古以来就是兵家与商家必争之地。在17世纪科伦坡崛起之前,加勒古城一直是斯里兰卡最大的海港,是连接东西方的重要枢纽,是"海上丝绸之路"各国船队重要的停靠和补给地之一。

明朝郑和七下西洋,其中 1411 年、1412 年和 1415 年曾经 3 次来到加勒,此事有石碑刻字记载,现这块珍贵的石碑收藏在科伦坡国家历史博物馆内。1988 年,加勒古城及其城堡被联合国教科文组织列入世界遗产名录。

高尔的名字与公鸡有关。话说葡萄牙人第一次在这里登陆,清晨听见公鸡"喔喔"的啼叫声,就把这里称为"高尔"。在葡萄牙语中,"公鸡"的发音就是"高尔",所以古城内不少古旧的建筑上都有公鸡标识。从 16 世纪初开始,这座古城先后被葡萄牙、荷兰和英国占领,因此留下了这几个国家的历史和文化痕迹,并与当地的南亚文化一道,混合成一种多元的历史文化风情。

这座海滨小城,最显著的标志就是高大的围墙,这是当年葡萄牙人和荷兰人在海边建造的,主要用于军事防御。他们利用当地到处都是的珊瑚石,混合其他石头和石灰修建了两重围墙。围墙十分坚固耐用,抵御了几百年印度洋狂风巨浪的冲击。尤其是 2004 年印度洋大海啸时,处于风口浪尖的加勒古城却安然无恙,完全得益于坚固的古城墙保护。被古城墙紧紧护卫着的加勒古城,占地 0.36 平方千米,小城内既有古树浓荫下宽阔的广场,也有众多交错的小街,欧式教堂、佛塔和清真寺比肩而立,那些百年钟楼、灯塔、城门无声地展现着一段段悲喜交集的历史,糅合了欧洲与南亚风情。

斯里兰卡人口自 1871 年第一次全国人口普查以来,已经增长了 8 倍多,从 1871 年的 240 万增加到 2021 年的 2215 万。目前斯里兰卡人口增长率较低,每年增加约 25 万人,且人口密度分布不均衡。数据显示,斯里兰卡超过 6 成的人口居住在西部省份以及西南部的湿润地带,该片地区在该国总面积中的占比仅为 2 成。

　　2021 年,斯里兰卡 2215 万人口中,僧伽罗族占 75％,泰米尔族占 16％,摩尔族占 9％。僧伽罗语、泰米尔语同为官方语言和全国语言,上层社会通用英语。在斯里兰卡,宗教、种族和语言扮演着重要角色。当今世界上,很少有像斯里兰卡这样 3 个元素都在起作用的国家。绝大多数僧伽罗人是佛教徒,也有一部分是基督徒。他们说的是印度雅利安语支之下的僧伽罗语,这是一种印欧语系语言。全世界范围内讲僧伽罗语的人几乎都居住在斯里兰卡。超过 300 万泰米尔人生活在斯里兰卡,他们与印度的泰米尔社区在文化方面有着密切的联系。泰米尔人所使用的语言是泰米尔语。值得注意的是,在斯里兰卡,讲泰米尔语的人口仅占全世界讲泰米尔语的人口的 10％左右。在斯里兰卡,泰米尔人主要居住于北部和东部的少数地区。

僧伽罗人与泰米尔人的千年情仇[①]

僧伽罗人的起源

根据现存的史料和古代石刻铭文中的记载,僧伽罗人(Sinhalese 或 Cingalese)的祖先是在公元前 6 世纪迁移至斯里兰卡岛的北印度雅利安移民。斯里兰卡的编年史诗《大史》记载,公元前 543 年,北印度僧诃补罗国王子维杰耶因行为不端被国王放逐出海,漂流到斯里兰卡。他与 700 名随从在斯里兰卡的西海岸登陆(今斯里兰卡马纳尔附近),见土地肥沃、气候宜人,便在阿努拉德普勒附近定居下来。他们带来了印度文化,与当地土著居民通婚、同化、融合,逐渐形成了一个新的民族——僧伽罗族,在檀巴潘尼建立了第一个僧伽罗人的国家。

据《大史》所述,北印度有位公主被预言将嫁给一头狮子,国王因此对她严加看守,但最终公主还是被一头狮子带回了山洞,生下一儿一女,男孩叫辛珂巴乎。男孩长大后,有一天趁狮子外出打猎,推开掩蔽洞穴的石门,将母亲和妹妹带回了故国,建立了王国,后生下 16 对双胞胎共 32 个孩子,最大的儿子就是维杰耶,所以维杰耶的后代就将自己称为僧伽罗人,僧伽罗在梵语中就是"狮子"的意思。

---

① 　主要参考尼古拉斯、帕拉纳维达纳著,李荣熙译:《锡兰简明史:从远古时期至公元 1505 年葡萄牙人到达时为止》,商务印书馆 1964 年版。

《大史》记载,第一位僧伽罗国王维杰耶为了维护种姓和血统的纯正,在称王前舍弃了土著妻子古维妮与一对儿女(据传今天斯里兰卡的维达部落就是他们的后代),向南印度的泰米尔潘迪亚国王求娶了刹帝利公主做王后。他在位38年,膝下无嗣,不得不从印度请来他的侄子班图瓦萨戴瓦继承王位。这位新国王被明确记载为刹帝利。新国王也认为来自印度的公主才是理想的王后人选,于是有更多的北印度王室成员来到这个美丽的岛国,大部分来自佛陀所在的释迦部落。《大史》中记载的所有僧伽罗国王(除去外族入侵取代僧伽罗人为王的情况)都属于刹帝利种姓。古代僧伽罗王子能够继承王位的一个必要条件便是必须有一位刹帝利出身的妻子,否则就不可加冕。

公元前377年,僧伽罗上演了中国版《赵氏孤儿》。由于婆罗门祭祀预言,维杰耶的一个孙女所生的儿子将来会杀死他的舅舅们,所以这位公主遭到了王子们的监禁,但最终公主还是找到了她的真爱并诞下一个男婴,这个男婴就是维杰耶的曾外孙盘陀迦阿巴耶。在王子们前来抢夺这个男婴的前一刻,公主一位忠实的女仆用自己刚刚诞下的女婴与这个男婴调了包,并秘密将其抚养长大。成年后的盘陀迦阿巴耶复仇成功,登上王位,迁都阿努拉德普勒,并将其建设为一座规模庞大、设施齐全的崭新城市。这座古城在随后的约1500年中都是这个国家的国都。他还修建了阿巴耶水库和排灌渠,改善城市生活,开创了僧伽罗水利文明时代。

他去世后传到第三代,其孙子天爱帝须王统治时期,公元前247年前后,印度孔雀王朝阿育王派遣其子摩哂陀来岛传播佛教。国王欣然放弃印度教皈依佛教,积极扶持僧团,修建佛塔,建立大寺,佛教在这个美丽的岛国日渐昌盛,最终成为这个岛国的国教。

僧伽罗国王之所以改变宗教信仰,是因为在僧伽罗种姓制度中,婆罗门种姓是第一等级,国王所属的刹帝利是第二等级。第一等级的婆罗门在当时不仅人数很少而且力量非常薄弱,掌握实权的国王想要比实力弱小的婆罗门尊贵,在印度教教理中始终无法找到合理解释,而佛教的到来就很好地解决了这一难题。因为释迦牟尼本身就是刹帝利种姓,阿育王也是刹帝利种姓,所以信奉佛教的刹帝利种姓名正言顺地超越婆罗门成为最高种姓。到公元前 2 世纪,僧伽罗人已完全放弃印度教而全面接受佛教。从此,历代僧伽罗国王不仅是国家的世俗领袖,而且是佛教事业的主要赞助者与保护人。君王与僧团相互合作,共同维护封建秩序。

当前,僧伽罗族占斯里兰卡总人口的 75%,是毫无争议的主要民族。僧伽罗文明的中心在历史上经历了数次迁徙,整体趋势是由北往南、由中往西。总的来说,僧伽罗人主要分布在人口最密集、经济最发达的西部、西南部地区和中部高山地区,主要覆盖今天的北中省、西北省、中央省、西方省、南方省、萨巴拉加穆瓦省、乌瓦省以及东方省的小部分区域。

泰米尔人的起源

斯里兰卡的泰米尔文明产生的时间和僧伽罗文明一样久远,但零散的移民方式让泰米尔人在 1000 多年的历史时期内都无法形成有规模的政治集权国家。在 13 世纪的贾夫纳王朝建立之前,也就是僧伽罗政权南迁之前的很长一个历史时期内,泰米尔人生活的区域与僧伽罗王权的中心十分接近,僧泰文化在战争、移民、泰米尔政权短暂交替的轮番上演中一直保持着频繁的互动。

按照迁移到斯里兰卡的时间和过程,泰米尔人分为 2 支:

公元前即从古代南印度迁移而来的一支,被称为"斯里兰卡泰米尔人";英国殖民统治期间从现代南印度招募到斯里兰卡种植园工作的泰米尔劳工,则被称为"高地泰米尔人"或"种植园泰米尔人"。高地泰米尔人分布在中部山区的广大茶园,以努瓦拉埃利亚地区为中心。这 2 支可以说是 2 个完全独立、没有任何联系的种姓团体,在起源与文化上有很大的区别。他们来到斯里兰卡的时间不同,生活区域不同,生活方式不同,社会组织形式也不同。

古老的斯里兰卡泰米尔人,主要集中在北部贾夫纳半岛地区、东北部沿海的亭可马里地区和东部沿海的拜蒂克洛地区,主要覆盖今天的北方省和东方省大部分区域。《大史》记载,第一位僧伽罗国王维杰耶向南印度的泰米尔国王求娶刹帝利公主做王后时,作为陪嫁,南印度国王送来了许多泰米尔少女和 1000 多户从事各类手工业行当的人家。这些泰米尔少女和僧伽罗男子结婚成家所养育的后代以及手工业者,就是古老的斯里兰卡泰米尔人的祖先。

高地泰米尔人主要是 19—20 世纪英国殖民当局从南印度招募来的大量种植园劳工,也包括一些主动移民过去的商人。1815 年,英国殖民当局全面接管斯里兰卡,开始在中部山区大力发展种植园经济。由于高地地区的僧伽罗人大都属于高种姓土地耕作者,受传统观念影响不愿从事雇工的工作,且种植园工作辛苦、报酬很低,咖啡收获季节也正好赶上农忙时节,所以高地的僧伽罗人不愿意去种植园工作。面对劳动力严重短缺的问题,英国殖民当局开始从南印度招募契约劳工,整个招募迁徙过程大约持续了 120 年。

最早到达的一批高地泰米尔人约有 2000 人,到 1837 年,去斯里兰卡的南印度泰米尔人约有 10000 人,到 1949 年累计激增至 758264 人。人数激增的原因是 19 世纪末期,高地的咖啡树发生大面积病害,英国东印度公司不得不用茶叶种植来取代咖啡种植。茶叶没有集中的成熟期,需要全年采摘,这不仅需要大量劳动力,而且需要雇用技术相对熟练的长期工人。为了解决这个问题,种植园开始使用康格尼制度来招募劳工。

康格尼制度是指为种植园主工作的一部分南印度泰米尔人,扮演猎头和工头的角色,不断从南印度自己的种姓与家族中招募劳工,与他们签订长期契约,并协助种植园主管理劳工。实施康格尼制度后,迁移至种植园的南印度泰米尔人数量大大增加,且同一种姓的人们聚居在一起工作、生活,在一定程度上保证了各种姓的相对独立和完整。就这样,南印度泰米尔劳工开始在种植园定居下来。由于茶园的很多工作女工和童工也能胜任,所以他们的迁徙往往以一个家庭甚至一个家族为单位。由于他们与殖民政府之间只是一种雇佣关系,从事艰苦的劳动且人数众多,殖民政府并没有为这个群体做出多少传教、教育等方面的努力。90%的高地泰米尔人依然是印度教教徒。

显然,种植园艰苦的工作环境很难吸引南印度高种姓的人们。高地泰米尔种姓制度复制南印度种姓制度,有明确的洁净种姓和污秽种姓之分。像维拉拉、卡兰、安巴拉卡兰、瓦南等洁净种姓,在社群中受到尊重,享受较高的待遇,在茶园中的住所条件较好,从事的工作也相对体面。尽管是劳工,但洁净种姓在种植园的管理层面前具有一定的影响力。不过这部分人只占种植园劳工中很小的一部分。绝大多数高地泰米尔人是低种姓中的"不可接触者",如帕拉和帕莱亚尔,他们从事高强度的体力劳动,住宿和生活条件很差。

封闭的环境、充足的家庭人口和种姓数量,让高地泰米尔人得以延续自己的种姓传统。即便生活在僧伽罗人中间,高地泰米尔人也没有像斯里兰卡泰米尔人那样与僧伽罗人相互融合、相互影响,而是始终处于一种封闭隔绝的状态。造成这种局面的原因,一方面是语言不通,另一方面是殖民者的种植园与僧伽罗村落一般是分隔开的,种植园主们严格的管理限制了泰米尔劳工的自由,加上艰苦的劳作,大部分高地泰米尔人根本没有机会与僧伽罗人接触。

英国殖民当局一直到 1924 年进行宪法改革时,才承认高地泰米尔人是一个独立的民族,也承认了他们与僧伽罗人和斯里兰卡泰米尔人在文化方面存在的差异。20 世纪 60 年代,在斯里兰卡和印度政府的协调下,很大一部分高地泰米尔人返回了印度故土,选择留下来的高地泰米尔人却面临没有国籍的尴尬。这部分留下来的人,直到 20 世纪 90 年代,才最终获得斯里兰卡国籍,拥有了投票权,可以接受教育,并从事种植园以外的工作,渐渐融入斯里兰卡社会。直到今天,斯里兰卡的人口普查依然将高地泰米尔人和斯里兰卡泰米尔人作为 2 个部分分开统计。

泰米尔茶园女工的劳动场景是斯里兰卡的一大人文景观/刘咏秋摄

僧伽罗人与泰米尔人的恩怨情仇

《大史》记载,在公元前3世纪,僧伽罗人与泰米尔人之间就爆发了第一次"僧泰战争",泰米尔马贩子舍那和拘多迦曾一度夺取了僧伽罗王位,但不久被迫退出。公元前205年,南印度朱罗贵族伊拉罗推翻僧伽罗人的维杰耶王朝,统治达几十年之久。在此期间,败走的僧伽罗人在东南部的原皇家领地上逐步发展成鲁呼纳王国,到公元前161年,鲁呼纳王子杜多迦摩尼率兵北进打败了伊拉罗。

公元前103年,南印度再次入侵新首都,杜多迦摩尼之孙伐多迦摩尼·阿巴耶被驱逐,直到公元前89年才恢复王位。其后僧伽罗人与泰米尔人又发生了好几次大规模的战争,有5个来自印度的泰米尔酋长打败了僧伽罗人,占领老首都阿努拉德普勒14年。其间僧伽罗的国王被迫逃亡到丹布勒,加上僧伽罗宫廷内讧,国力日衰,到59年,王位居然被守门人沙巴夺取。65年,鲁呼纳王朝正式覆灭。其间的几百年里,南印度的泰米尔人不断地涌入斯里兰卡北部。

1世纪后期的300余年内,统治古城阿努拉德普勒的是由兰巴建纳族人所建立的兰巴建纳王朝。2世纪在位的是著名的国王嘎伽巴乎,《大史》对他的记录很多。据传他曾经领兵攻打南印度,打败过朱罗王国。3世纪末,兰巴建纳王朝灭亡。

5世纪前后,南印度泰米尔王国曾多次入侵斯里兰卡,但南印度彼时尚无强大的王国出现,因此,在僧泰文化融合的整体趋势上,泰米尔人基本被僧伽罗文化同化。5世纪时,南印度泰米尔王国入侵斯里兰卡,《大史》记载,僧伽罗国王达图赛纳成功收复古城阿努拉德普勒,但他最终死于自己的儿子卡西雅伯之手。杀父登基后,卡西雅伯担心遭到兄弟的报复,把都城迁到了西格利亚(现在的锡吉里亚),王城建在一块巨大的山顶岩石上,就是现在著名的旅游景点狮子岩。

7世纪,僧伽罗王子摩纳梵摩在南印度泰米尔帕拉瓦王朝的支持下登基,他是僧伽罗历史上著名的国王之一。这一时期泰米尔文化在斯里兰卡得到了很好的发展,但这一时期的铭文也表明,当时的斯里兰卡并不存在单独的泰米尔文化。也就是说,在漫长的1000多年时间里,斯里兰卡的泰米尔社会与文化一直保持着僧伽罗化的倾向。最早的泰米尔文铭文写于7世纪末,也就是说,在这一时期,僧泰文化融合开始发生变化,其背后的原因在于,南印度从7世纪开始相继出现一系列强大的帝国,开始是波罗伐,然后是盘底耶,再后来是朱罗王朝(也称注辇王朝,属泰米尔民族),这些王朝都致力于入侵这个美丽富饶的岛国。

到了9世纪,强大的南印度朱罗王朝企图吞并整个斯里兰卡,僧泰战争频仍,侵略与反侵略的历史贯穿了百余年。10世纪末,斯里兰卡的大部分地区最终还是成了南印度朱罗王国的一个省,阿努拉德普勒时期的最后一个僧伽罗国王被劫持到了南印度并客死异乡。南印度朱罗王朝在斯里兰卡的统治一直持续到1077年,其间更多的泰米尔商人、行政官员和军人涌入斯里兰卡定居,泰米尔人开始使用泰米尔文记录行政和宗教事务。

发生于9、10世纪的僧泰战争,在斯里兰卡的政治和社会结构上留下了深刻的历史印记。战争使得大量南印度泰米尔士兵涌入斯里兰卡北部、东部地区,同时更多的南印度泰米尔人也来到了斯里兰卡北部地区,形成了稳定的南印度泰米尔人聚居地。这一历史时期并没有形成独立的泰米尔文化,因为南印度泰米尔人到斯里兰卡后被僧伽罗人的文化慢慢同化。这一时期的僧伽罗国家进入衰微期,位于中北部的政权中心以及僧伽罗人开始大规模向西南沿海和中部山区转移。

南印度朱罗王朝在斯里兰卡统治期间,将都城从古老的圣城阿努拉德普勒搬迁到了位于大沙河畔的波隆纳鲁沃。阿努拉德普勒末代国王的后代维杰耶巴霍在斯里兰卡的南部地区被僧伽罗人拥立为王,以鲁呼纳为中心对抗北部的泰米尔人。一直到十几年之后,借助东南亚马来国王的帮助,维杰耶巴霍才将南印度朱罗王朝驱赶出了斯里兰卡,夺回了政权。但迫于北部泰米尔人的势力,还是放弃了老首都圣城阿努拉德普勒,定都到波隆纳鲁沃。他从缅甸请来佛教高僧帮助重建被严重破坏的佛教,并大力兴修水利,恢复农业,让国家很快从战乱中恢复,人民开始安居乐业。度过了 2 个多世纪相对和平的时代,因为随后的统治者软弱无能,僧伽罗人不断往岛的西南方向迁移,在 1253—1400 年,又出现了 5 个不同的首都。

《小史》记载,12 世纪到 13 世纪初,有好几位斯里兰卡国王都有东南亚马来王族的血统,这主要是两国长期通婚所致。13 世纪初,波隆纳鲁沃时代的末代国王玛柯,原本是马来王子,他率领一支 2 万多人的军队攻陷了波隆纳鲁沃并称王,在统治期间大肆镇压佛教,佛教几乎遭到灭顶之灾。

波隆纳鲁沃王朝之后,僧伽罗王国一直处于四分五裂的状态,在中部平原的库鲁内格勒地区、中部山区的加姆波勒地区、西南沿海的卡鲁德勒地区、中部山区的康提地区等地方都出现过不同的僧伽罗王国。最后,位于中部平原的库鲁内格勒地区的僧伽罗政权崛起,在南印度盘底耶王国的支持下,于 1247 年成功驱逐马来人,恢复僧伽罗政权。史学家认为,为了回报南印度盘底耶王国的支持,新成立的僧伽罗政权允许南印度泰米尔盘底耶王国在斯里兰卡贾夫纳地区建立泰米尔政权。13世纪末,南印度泰米尔人卡林加·摩伽建立了贾夫纳泰米尔王国,标志着斯里兰卡的泰米尔人建立起有自己独立社会制度的国家,斯里兰卡泰米尔人稳稳占据了北部贾夫纳地区和东部沿海的拜蒂克洛地区,斯里兰卡泰米尔族才算真正形成。

13世纪的贾夫纳君主制王国(在建国初期一度成为南印度朱罗王国的附属国)对斯里兰卡历史来说具有重大的意义,奠定了僧伽罗和泰米尔两大民族长期南北分布的基本格局。斯里兰卡中部地区是一个覆盖着茂密丛林的宽阔缓冲地带,几个世纪以来,这道天然屏障隔开了北部的泰米尔人和南部的僧伽罗人。

14世纪,僧伽罗政权的政治中心再度南迁到甘波拉,大量僧伽罗人南迁。随着海路贸易的兴起,科伦坡附近的科特建立起了要塞,逐渐发展出僧伽罗人的科特王国。15世纪初的科特王国在位者,就是中国《明史》中记载的被郑和俘虏并带回明朝的亚烈苦奈儿。

殖民时代前的几个世纪,尽管僧、泰民族有杂居的现象,但整体上依然呈现稳定的南北分布格局。两个民族各有自己的文化、语言、宗教和种姓体系,长时间各处一方,相安无事。当时斯里兰卡的主要矛盾并不是僧伽罗和泰米尔之间的民族矛盾,而是僧伽罗人内部的中部高地王国和沿海低地王国对正统王权的争夺。

1505年,葡萄牙船队侵入科伦坡港,从此斯里兰卡历史开始了殖民纪元。1658年,荷兰人完全取代葡萄牙人,占领所有沿海地区。1796年,英军占领科伦坡,荷兰人统治时期结束。1802年,英法《亚眠条约》规定斯里兰卡为英国直辖殖民地。1815年,最后一个僧伽罗康提王朝覆灭(始于1473年,终于1815年),斯里兰卡全岛沦为英国殖民地。直至斯里兰卡正式宣布独立,这个国家遭受了长达 4 个半世纪的殖民统治。殖民政策明显激化了两个民族之间的矛盾,特别是英国殖民时期的一些政治举措严重激化了两个民族之间的矛盾,具体会在后文中进行详细分析。

融入血液之中的种姓基因[①]

　　种姓是南亚封建社会结构的一个普遍基本特征,也是斯里兰卡社会中一个重要的文化符号。斯里兰卡的种姓制度与王役制度相结合,构成了斯里兰卡古代社会的统治基础。王役即社会按照种姓划分向王族服各种劳役。在物质领域,种姓与封建制度一起规划与决定了斯里兰卡社会的形态与发展方式;在精神领域,种姓与佛教、印度教以及外来的思想一起塑造了斯里兰卡社会独特的价值体系与人生观念。

　　斯里兰卡种姓由僧伽罗种姓和泰米尔种姓两个既相互关联又互有差异的种姓体系组成。它们均起源于印度,在斯里兰卡特定的历史和现实背景中产生和发展,并最终形成与印度种姓相异的、世俗化的种姓体系。僧伽罗族和斯里兰卡泰米尔族的形成有着明显的不同。在研究斯里兰卡社会结构变迁、民族文化、经济发展模式、信仰与价值观时,种姓是一个十分重要的分析维度。

种姓制起源

　　种姓制源于印度。在梵语里,用来表示"种姓"这个概念的词有 2 个,即"瓦尔那"(varna)和"贾提"(jati)。"瓦尔那"最早

---

　　① 主要参考江潇潇:《斯里兰卡种姓研究》,北京外国语学院博士学位论文,2014 年。王兰:《斯里兰卡的民族宗教与文化》,昆仑出版社 2005 年版。

见于《梨俱吠陀》，意思是"色""肤色"；"贾提"的梵文意思为"种""出生"，强调血统与世袭性。大约在公元前 1500 年，印度次大陆的征服者是白皮肤的人种，为了将自己与印度次大陆的土著居民区分开来，他们将自己称为"雅利安"，将黑皮肤的土著人称为"达萨"。那个时候的"瓦尔那"仅是根据肤色划分社会群体的一种标准，没有明显的等级之意。

随着雅利安人权力的日趋扩大，他们通过宗教论述将雅利安民族的起源神圣化，从而将雅利安人对土著居民的优越感和支配权合理化。在《梨俱吠陀》的最后一篇，有关于婆罗门、刹帝利、吠舍和首陀罗 4 个种姓的起源描述：婆罗门自原人嘴里生出，刹帝利来自他的臂，吠舍来自他的大腿，首陀罗来自他的脚。婆罗门处于第一等级，掌握神权，主管宗教事务，并垄断教育；刹帝利处于第二等级，掌握国家军政大权；处于第三等级的吠舍，是雅利安种族内从事农业、畜牧业和商业的普通民众，司职物质财富的生产和纳税；处于第四等级的首陀罗，主要由被征服的土著居民构成，也包括失去土地的雅利安人，他们无任何权利，从事手工业或低贱、卑微的体力劳动，义务是为上述 3 个种姓服务，实际地位无异于奴隶。种姓制的最初设计者从一开始就从宗教的高度，为种姓的渊源和发展提供了精神保障，挑战种姓制就是挑战宗教信念。

种姓制的核心是血统与世袭性。实行等级内部通婚制是保证种姓血统纯正的最有效策略，所以内婚制可以说是种姓制最核心的特征。限制不同种姓之间通婚可以维护第一等级和第二等级的特权，使其与世俗的第三等级、卑贱的第四等级有了严格的区分；每个种姓还必须沿袭由出身所决定的固有传统职业，职业的贵贱通常与种姓等级的高低成正比。婚姻限制和职业固定化阻止了社会各阶层的交往流动，各阶层发展出以行业世袭和内婚制为主要特征的独立小集团,这样的集团被称为"贾提"。

贾提制度是在瓦尔那制度的基础上产生的,实际上是根据职业分工对瓦尔那各等级进行更细的划分,不同贾提仍然隶属于不同的瓦尔那,他们的社会地位仍由他们所属的瓦尔那决定。在实际社会中,"贾提"的使用越来越广泛,"瓦尔那"的概念到中世纪以后便逐渐消失。不过,不论是瓦尔那还是贾提,都是印度教以血缘、婚姻、职业对社会进行划分的社会等级制度,从瓦尔那到贾提,这个制度本身是没有发生改变的。

在僧伽罗语中,种姓被称为"库勒亚",有时也被称为"万舍"。前者主要含有"种姓""宗族""氏族"之意,后者含义较前者更为宽泛,除了"宗族"之外,还有"血统""世系""家系"之意。两者在古代僧伽罗语文献中都能找到,不过当代斯里兰卡学者均使用"库勒亚"一词,部分欧洲学者在音译时用"万舍"。

僧伽罗种姓

从史料中可以看出,公元前 6 世纪左右,维杰耶把印度的种姓制度带到了斯里兰卡,僧伽罗种姓最初也按等级高低分为婆罗门、刹帝利、吠舍和首陀罗 4 姓。公元前 3 世纪是一个重要转折点,佛教传入斯里兰卡,民众改变宗教信仰,放弃婆罗门教和印度教而皈依佛教。佛教提倡平等思想,在佛教思想的长期影响下,种姓观念在斯里兰卡趋于缓和,种姓的隔离与压迫也相对减少。

《大史》记载,阿育王的公主送圣菩提树枝到斯里兰卡,圣菩提树枝被奉为至宝。为了保护菩提树并保证日常的供养,僧伽罗国王指派 8 个刹帝利种姓的人保护菩提树,8 个婆罗门种姓的人负责为菩提树浇水,8 个吠舍种姓的人负责菩提树的供养,8 个首陀罗种姓的人专门为菩提树提供清洁用的牛奶。从中体现出斯里兰卡种姓"宗教性"的弱化。因为在印度教种姓中,只有婆罗门才能从事与宗教相关的工作,僧伽罗等种姓都参与对菩提树的供养和服务,可以看作佛教平等观影响的结果。尽管各种姓一起供养菩提树,但从分工上还是可以看出高低贵贱的。所以古代斯里兰卡的种姓已经成为一种划分职业的依据,种姓的意义已经完全脱离了宗教性而凸显其社会性。

13世纪的《民史》中,僧伽罗种姓被分为4类:国王、婆罗门、吠舍、首陀罗。书中提到,在王族之下,存在一个人口数量众多且社会地位很高的种姓"高维伽摩",简称"高维"。这个词的僧伽罗语意思为"农庄",指拥有农田的阶层。高维子种姓有很多,书中列出了最主要的13个。吠舍即商人种姓。首陀罗则包括土地耕种者和各种手工业、服务业种姓。书中还明确列出了种姓之间的区别,为了维护种姓纯洁,规定不同种姓的人不可在一起进食、不可通婚。

一个家族世世代代必须从事同一种职业,不同职业集团之间禁止通婚。这种现象产生的背景与外部的形态实际上与印度的贾提制度是相类似的。不同之处在于,印度的贾提产生于瓦尔那内部,有明显的宗教意味;斯里兰卡的贾提则没有明显的宗教意味,更多的是根据所从事的职业进行划分的。种姓等级的界定标准是各种姓所代表的职业在社会中的地位高低。僧伽罗种姓的宗教意义很弱,社会意义却很强,这与僧伽罗社会的经济状况是密不可分的,但依然保持严格的内婚和不同食制,这也是僧伽罗种姓规范中的核心条律。

内婚制度下,如果一个僧伽罗女性与低于自己种姓的男人发生关系,往往会被其亲朋好友杀死,以清洗给家族带来的羞耻。但如果一个高种姓的男子与低种姓的女子发生关系,只要不与她同食同饮,不将她带回家,就不会受到罚款或监禁的处罚,也不会遭到族人的唾弃。每个村社内部都设有一个名为"内婚群体会议"的机构,专门处理婚姻问题,以维护村社内部的婚姻秩序。违反规定者,可能会被剥夺土地的继承权,逐出内婚群体,甚至被剥夺种姓。而僧伽罗人传统的土地继承和嫁妆制度,又在村社内婚的基础上催生出一种更有效的保护家族利益的手段——姑舅从表婚,即在兄妹或姐弟的子女之间联姻。这样能够进一步保证土地不落到外人手里。因此,姑舅从表婚是僧伽罗人中十分盛行的一种婚姻方式。

不同食制度下,高种姓人不能从低种姓人手里接过食物或水,它们被认为是不洁的。不同种姓的居住地也有严格的划分,低种姓人通常不可以走进高种姓人的屋子或庄园。另外,不同种姓或子种姓都拥有自己特有的姓氏、服饰甚至方言。较高的种姓在遇到低于自己的种姓有"越界"行为时,会采取行动甚至是过激的行为。

从 17 世纪开始,僧伽罗人开始出现在欧洲人笔下,英国人罗伯特·诺克斯是其中最早记录僧伽罗种姓的一位观察者。在被高地僧伽罗政权俘虏后生活在康提的 19 年里,诺克斯详细观察并记录了僧伽罗人生活的方方面面。在诺克斯笔下,高地僧伽罗种姓呈现出如下序列:贵族、金匠、铁匠、木匠、画匠、捕象人、象倌、理发师、陶匠、洗衣工、制棕榈糖人、农夫、士兵、织工(也包括占星师、鼓手和舞者)、编篮子的人、编织席子的人、奴隶、乞丐。

第二位西方观察者科迪纳在 1807 年发表了著作《锡兰详述》,书中列举了 19 个僧伽罗种姓:汉杜鲁(农民)、高佩鲁(牧人)、卡拉瓦(渔民)、杜拉瓦(取椰汁的人)、堪布(木匠、金匠等)、苏梅卢(制革工匠)、昆贝卢(陶匠)、拉德瓦(洗衣工)、查里阿(剥桂皮的人)、贾格亥若(搬运工人)、西拉瓦(编篮子的人)、潘尼卡(理发师)、呼那(烧石灰的人)、贝拉瓦(鼓手)、奥利阿(制炭人)、帕杜阿(抬轿子的人)、基纳瑞(编织席子的人)、家哈雷岗贝迪斯(刽子手)、罗迪申德勒(乞丐、接触并食用动物尸体的人)。

僧伽罗人的康提王朝始于 1473 年,终于 1815 年,《康提法典》所记录的就是这一历史时期东中部高地地区僧伽罗种姓的基本结构,是僧伽罗种姓的传承者和体验者的总结。在长期的社会历史发展过程中,农业始终是僧伽罗社会经济运作的基础,因此对古代僧伽罗国家存在和发展起着决定性作用的始终是王权和农民阶层。这种情况使农民阶层(拥有耕种土地的人)在僧伽罗社会中的地位得以提升,皇室阶层因为人数非常少,慢慢地也被并入农民种姓,共同成为僧伽罗种姓的最高序列——高维。

由于殖民经济对传统农业经济的冲击,很多种姓的职业被迫发生了改变,要么传统职业消失,要么职业内容变得更加宽泛。如卡拉瓦种姓在英国人的档案中被标为"渔民",实际上除了渔业以外,还被规定从事开船、木匠、伐木工、苦力等工作。萨拉迦玛种姓在英国殖民统治期间继续随着肉桂贸易而受到英国人的重视,英国人要求只要父母双方中有一人是萨拉迦玛,其后代就必须在肉桂产业里工作。

泰米尔种姓

僧伽罗民族只存在于斯里兰卡,但泰米尔民族是世界上古老的民族之一,有数千年的文明史。泰米尔人属于达罗毗荼人种,其使用的泰米尔语是印度古老的 2 种语言之一,另一种语言为梵语。泰米尔人在世界上分布很广,作为一个民族群体,他们居住在五大洲的 30 多个国家和地区。据印度报纸统计,全世界的泰米尔人共计 9000 万人,斯里兰卡、马来西亚、新加坡、斐济、南非、毛里求斯是泰米尔人较多的国家，最多的国家当然是印度。仅印度南部泰米尔纳德邦，泰米尔人就有 6000 万之众。这些泰米尔人与斯里兰卡的泰米尔人信仰同一个宗教，讲同一种语言，有共同的民族渊源和民族文化心理特征，生活习俗也基本相同。

斯里兰卡泰米尔人的种姓继承了南印度种姓的所有特质，种姓的印度教本质让婆罗门位列种姓最高等级成为必然。婆罗门种姓的高位序实际上只是表面的，或者说仅仅是宗教意义上的，斯里兰卡泰米尔婆罗门尽管势力薄弱，但始终没有消失，且在种姓序列里依然保持他们徒有其表的最高等级。这恐怕还是要归功于印度教这一强大且不可动摇的基础。从主观上来说，印度教徒需要婆罗门来完成各种宗教仪式和宗教事务。这无法由其他种姓来完成，即便是掌握世俗大权的维拉拉，在精神领域也无法代替婆罗门。

17 世纪，贾夫纳王国的泰米尔人仍然保持着南印度社会组织机构的典型特征：种姓位序由"洁净高贵"的婆罗门、富有且占支配地位的维拉拉、受歧视的在土地上劳作的不可接触种姓以及一些人数少、规模小的职业种姓（工匠、洗衣工、理发师、音乐师等）构成。贾夫纳王国的经济逐渐发展成一种以松散的易货贸易为核心的集权经济模式，国家的经济大权更多地掌握在能进行农业生产的维拉拉种姓手中。

在 17 世纪荷兰传教士菲利普斯保达罗斯的笔下，维拉拉是泰米尔王国的土地所有者，"被成群的家畜、嫩绿的农田和仆人所环绕"，以自己的血统为傲，严格执行内婚制。种姓中明确有"不可接触者"即"污秽种姓"的存在，包括理发匠种姓安巴塔尔、农业工人种姓帕拉尔和那拉瓦尔、鼓手种姓帕莱亚尔等。这些种姓不仅从事社会最底层的职业、受到"洁净种姓"的歧视,在宗教生活中也被排除在外,他们甚至不能进入高等种姓的神庙。"洁净"与"污秽"观念在泰米尔种姓中无法避免,也意味着无法避免种姓歧视和压迫。

殖民时代来到斯里兰卡的南印度泰米尔人,在斯里兰卡高地种植园内受职业的限制,种姓的等级高低并不突显,即便是较高种姓也从事低下的劳工工作,他们并不拥有对低种姓的绝对权威;再加上种植园的工作非常繁重,生活艰难,限制了传统宗教仪式与宗教生活,共同的劳动生活让高低种姓的相互接触变得不可避免,他们只能在同一个寺庙祭祀,穿同样的衣服,吃同样的食物,使用同一个水源。因此,高地泰米尔种姓不能被看作一个完整的种姓体系,甚至不能被看成南印度种姓的一个分支,它只是南印度的一些种姓被人为地安置在一个封闭的环境里,从事与他们的种姓、文化、传统完全无关的职业,他们身上虽然保留了种姓的某些特质,但实际上,种姓社会的基本功能很难在他们身上得到体现。

殖民统治对斯里兰卡种姓的影响

欧洲殖民者激化了斯里兰卡的种姓矛盾。在殖民时代之前的 2000 多年封建体系下,僧伽罗人的高维种姓和泰米尔人的维拉拉种姓一直牢牢掌握着各自种姓体系里的最高权力,其余所有的种姓都无法与他们抗衡。但在殖民统治的作用下,高种姓地位开始下降,一些低种姓的地位得到提升,其中的主力军就是卡拉瓦、萨拉迦玛和杜拉瓦三大低种姓。这些最早接触殖民者的种姓,先于其他种姓接受了西方的宗教与教育,不仅使他们更受殖民政府的重视,也让他们最先受益于当时的开放经济政策,掌握了经济上的优势,摆脱了种姓世袭与固位观念的束缚,并提出了享有政治权利的诉求。

僧伽罗人与斯里兰卡泰米尔人，世世代代只是依照宗教和传统自觉地履行种姓的义务，遵守种姓的规范。僧伽罗人按照《康提法典》，斯里兰卡泰米尔人遵循《泰萨瓦拉迈》，这是 2 个约定俗成的习俗规范。它们对血缘关系、财产继承、婚姻、子女监护以及最重要的种姓界定都做出了明确规定。殖民时期，不论是葡萄牙、荷兰还是英国的殖民者，出于方便统治、维护社会秩序的考量，对种姓制度基本保持了利用的态度。

葡萄牙殖民时期

葡萄牙人完全沿用了僧伽罗社会和泰米尔社会既有的行政体制，种姓制度不仅被保留，还被葡萄牙统治者视作颇为有效的统治手段。葡萄牙人海外扩张主要有 2 个目的：传播天主教和控制欧洲的香料贸易。只要种姓制度不妨碍这 2 项工程的开展，葡萄牙人无意对这一与欧洲完全不同的社会体制进行彻底改革，利用它远比改造它更容易获得利益。但葡萄牙人的经济掠夺政策还是直接影响了农业经济，并间接严重动摇了以农业为基础的种姓制度。香料肉桂的大面积种植挤占了大量农田，导致沿海地区高维种姓的弱化，渔业与贸易的发展，促使种姓与种姓世袭职业逐渐脱离，从而产生了各类种姓混合的新兴商业阶层。

国家的权力结构依旧是一个正三角的形状。位于最顶端的葡萄牙人通过已经归顺的伪政权，把重要的高层行政领导权掌握在手，如同僧伽罗国王一样，土地的所有权和税收也都落入他们手中。位于中间的是僧伽罗官吏和地方首领，他们只要皈依天主教就可以保住自己的官职。位于底层的普通民众则沿袭了从前传统的土地使用方式和国家劳役制度。所以这一时期，葡萄牙的统治仅仅意味着统治者的更换，而非传统政治体制的改变。

荷兰殖民时期

1658 年,荷兰人完全取代葡萄牙人,占领所有沿海地区。荷兰人沿用了葡萄牙人对种姓的政策,没有大规模触动传统的社会结构与制度,在处理本地人问题时,也尽量遵从当地的习惯,甚至将泰米尔传统的习惯法编撰成法典。荷兰人更加关注种姓在殖民经济领域所能起的作用,视种姓为一种灵活的、能够有效满足各种殖民统治需要的职业分工机制。

荷兰殖民统治时期,荷兰人在保留原有斯里兰卡习惯法的基础上对其加以最大化利用,在保证社会秩序稳定的同时有效保护自己的利益。荷兰人出于殖民贸易的需要,与斯里兰卡西部沿海低地的卡拉瓦、萨拉迦玛等低种姓建立了良好的合作关系,间接地提升了这些低种姓的经济、政治地位。为了对抗高维种姓的强势地位,荷兰人默许低种姓势力壮大并局部挑战高维种姓的权威,但当引起激烈冲突时,荷兰人却选择站在高维种姓这一边,以维护微妙的统治平衡。

英国殖民时期

总体而言,英国殖民者对其殖民地的统治通常是"以夷制夷",具体方法有多种,"分而治之"就是常用的政策,即在民族、宗教等方面给各种姓以差别对待,从而保持各种力量间微妙的平衡。1832 年前,英国殖民政府对中部高地地区的统治政策与其他地区并无太大区别,依然施行强制劳役制度,并在一定程度上"尊重"康提地区的传统律法和泰米尔地区的习惯法,强调种姓间的差异与隔离。

1832 年新总督上任后,英国殖民政府的态度让斯里兰卡种姓政策发生了巨变。支持发展自由市场经济的改革派对种姓制度大加贬低,称其为"人民的偏见",殖民政府出台了很多反对种姓制度的政策,很多先前涉及种姓的法律与规定都被废除,禁止官员在公开场合提及种姓,人口普查中也取消对种姓的统计。

但这并不意味着种姓制度会在僧伽罗社会中消失,种姓的身份认同对绝大多数斯里兰卡人来说仍然是十分重要的。殖民政府任命的绝大部分地方首领依旧是高维种姓的人,非高维种姓即便受到前所未有的重视,被任命为地方首领,也绝不可能到高维种姓聚居的地区去担任要职。非高维种姓地方首领被称为杜拉亚,高维种姓地方首领被称为阿拉奇,名称有别就暗示着地位有别。

沿海地区受到300年左右的西方殖民统治,西方宗教和文化教育的引进,让传统的种姓观念在这些低地区域日渐淡薄;僧伽罗非高维种姓不断挑战高维种姓的权威,引起高维种姓的不满与反抗。19世纪,以科伦坡为主的沿海城市中崛起的新中产阶级大都来自低地的非高维种姓,他们更为积极地抵制高维种姓的权威,造成种姓间的分歧与竞争日益加剧,演变成一场长达几十年的"口水战"。各种姓集团要么引经据典证明自身地位高贵,要么互相贬低,指责高种姓不合礼法,这种形式的对抗主要局限在各种姓的精英阶层。

在泰米尔社会,维拉拉依旧保持着难以动摇的支配地位,殖民体系内部的很多地方官职也都由维拉拉成员担任。小的种姓集团越来越紧密地依附于维拉拉,从而形成一种以维拉拉为核心的经济和礼制体系。经济的衰退,动摇了依附于土地的维拉拉种姓的经济地位,使得维拉拉种姓变本加厉地剥削低种姓,低种姓的反抗情绪日益高涨。

英国统治斯里兰卡期间采用的"以夷制夷"方针,一方面长期抑制僧伽罗人在政府中的行政力量,另一方面不断提升泰米尔人在经济和教育方面的地位。至独立前的1947年,仅占全国人口18％的泰米尔人占政府官员总职位的40％，这引起了僧伽罗人的不满，成为斯里兰卡独立后民族矛盾激化的直接诱因。到1948年斯里兰卡独立时，英殖民者将国家政权完全交给了僧伽罗人。长期受到压制的僧伽罗人取得政权后，积极用国家政权的力量夺取泰米尔人原先的优势地位，把对英国的怨恨一并算到了泰米尔人头上；所推出的大量保障僧伽罗民族利益的政策，不仅导致了僧伽罗狭隘民族主义情绪的蔓延，还激发了泰米尔人的强烈民族愤恨，埋下了内战的祸患。斯里兰卡独立前后和内战阶段的种姓间矛盾会在中篇进行详细阐述。

当代社会的种姓影响

斯里兰卡的城市化率较低，全国范围内称得上集政治、经济、文化、教育功能于一体的大都市仅有首都科伦坡。斯里兰卡大部分人口还是居住在农村地区，那里的人们生活简朴、相对封闭，坚守种姓传统，在日常活动中仍能找到很多传统的观念和行为。城市里体现种姓等级的行为则更加隐性，因为在西方价值观影响下城市生活中的各种行为都笼罩在平等主义的光环之下，但根深蒂固的观念中挥之不去的种姓及其所衍生出的身份认同规则，让城市人对种姓产生了一种极为矛盾、复杂的感情，所以干脆让其成为一种禁忌。

这一点在低种姓身上表现得更为突出。一个接受过良好教育的高维种姓可能有很多低种姓的朋友，大家在社会交往中均闭口不谈种姓，行为上也无反映。但如果这个高维种姓不小心将朋友的低种姓身份泄露出去，哪怕是无心的，也会招来社交圈的非难，并引起低种姓朋友的不满。

无论是在斯里兰卡城市还是乡村，种姓对社会生活最直接、最显著的影响就是人们对种姓婚姻原则的坚守。当今的斯里兰卡内婚制完全不具备法律效应,但内婚的准则依然被斯里兰卡人自觉地遵守。父母和家族的意见仍然左右着绝大多数僧伽罗人的婚姻。即使是在公开的征婚启事中,也能看到种姓被单独列出,暗示种姓内婚的要求。所以,内婚原则是种姓在当代社会隐性存在的最显性的特征。

家庭主义是斯里兰卡文化的另一个重要元素。斯里兰卡人对内婚的追捧,正是源于对保持家庭关系稳定以及保护家族血缘和声望的期望。大多数生活在城市中的斯里兰卡人还是谨慎地生活在由家族、血缘、种姓联结的社会中。

种姓观念依旧影响着部分社交规范和礼仪。不同食的传统习俗让低种姓的人一般不会去高种姓人的家中用餐,就算出现了不同种姓会餐的场合,在座位安排等细节方面还是会体现出种姓等级的高低。

种姓被当代斯里兰卡人当作禁忌看待,在政治领域,家族是人们公开谈论和研究的话题,但种姓不是。所以与斯里兰卡人社会生活中的种姓因素一样,政治领域的种姓因素也是隐性的。种姓犹如一只隐藏在幕后的手,牵动着斯里兰卡政治的每一根神经。虽然它在形式上正在或者已经消失,但给斯里兰卡人带来的等级意识、身份归属和家庭观念等思想特质,都不会让种姓对这个国家的影响彻底消除。

南传佛教　弘法世界[①]

　　世界上有 2 种主要的佛教派别,即南传佛教(也称小乘佛教)和大乘佛教。南传佛教的经文用巴利文撰写,大乘佛教的经文用梵文书写。现在的斯里兰卡主要修行大乘佛教,但南传佛教的传统影响更为深远。在 2 部重要的中文南传佛教著作——邓殿臣所著的《南传佛教史简编》和净海法师所著的《南传佛教史》中,斯里兰卡都是被放在首篇的。佛教在斯里兰卡的传播历史大致可分成 3 个时期:公元前 3 世纪至公元 9 世纪的 1000 多年间,是佛教在斯里兰卡的成长兴盛期,佛教享有国教尊崇地位;9 世纪至 18 世纪的约 1000 年间,是佛教的衰落期,佛教遭到极大破坏,几度处于生死存亡状态;殖民后期至今,为佛教在斯里兰卡的复兴期。

　　斯里兰卡文献史料中最有价值的是 5 世纪末 6 世纪初的《大史》,它是由摩诃那摩的长老(僧人)用优美的巴利文编写的一部史诗,主要介绍了斯里兰卡王朝和宗教史,也记载了一些重要的政治历史事件,如侵略、征伐、内战和王位的争夺。它记录了自公元前 6 世纪到 3 世纪约 800 年斯里兰卡历史,叙述了61 个国王的事迹,结束于摩诃舍那王时代(276—303)。全书共37 章,着重描述了佛陀 3 次来斯里兰卡、阿育王派人来斯里兰

---

　　①　主要参考索毕德:《古代中国与斯里兰卡的文化交流研究——以佛教文化为中心》,山东大学博士学位论文,2010 年。

卡传法、历史上几位护法弘法大帝的护法弘法等重大历史事件。《大史》记载,印度孔雀王朝第三代国王阿育王统治时期,在开展第三次佛教圣典大结集后,阿育王派遣佛教传教士至各地诵经传道。大约在公元前 3 世纪,佛教正式从印度传入斯里兰卡。

佛教的成长兴盛期

《大史》记载,公元前 247 年前后,阿育王的儿子摩哂陀到斯里兰卡传法,他被公认为将佛教传入斯里兰卡的第一人。《大史》记载,当时的国王提婆南毗耶·帝沙(也称天爱帝须)在波松月十五日满月那天出门打猎,在弥沙卡山遇到了摩哂陀一行 7 人(5 个比丘、1 个沙弥和 1 个居士)。摩哂陀认为天爱帝须慧根深远,决定留住在弥沙卡山(此山日后更名为 Mihintale),传授其《象迹喻小品经》,后又受邀到王宫为其讲解《天宫事》《恶鬼事》《天使经》和《智愚经》。受佛法感召,国王以及朝臣、百姓都放弃了婆罗门教、印度教等其他宗教信仰,转而信奉佛教,佛教逐渐享有国教地位。当时的天爱帝须王将自己的大云林园赠送给使团,后来,在其基础上为摩哂陀专门建造了大寺及支帝耶山寺,其中大寺前后存在 1000 多年,是斯里兰卡南传佛教的核心发源地。

由于天爱帝须王的弟妻等女性也希望出家,遂邀请摩哂陀的妹妹——很早便出家为尼的公主僧伽密多前来授比丘尼戒。公主把佛陀成道处的菩提树分枝带走并种植于大云林园,该树至今 2000 余岁,依然存活在阿努拉德普勒。371 年,释迦牟尼的佛牙舍利到达阿努拉德普勒,进一步巩固了佛教在斯里兰卡的地位。圣菩提树、佛牙舍利和阿育王佛钵是至尊三宝。公元前 200 年(一说公元前 199 年),摩哂陀在塔山圆寂,1 年后,僧伽密多圆寂。

公元前 2 世纪,南印度泰米尔王朝的王子伊拉罗入侵斯里兰卡,他虽然是信奉印度教的泰米尔人,但是对佛教非常支持。《大史》记载,他曾经下令处死触犯佛教律令的儿子。因此,在他统治年间,佛教依然是斯里兰卡的国教。斯里兰卡南部的僧伽罗政权为了恢复国家,民族英雄杜多迦摩尼提出了口号"不为国土,而为了佛教",号召所有僧伽罗人团结起来抵抗南印度入侵者。这样的动员方式被认为是斯里兰卡历史上的第一次僧伽罗民族主义运动,最终成功打败南印度泰米尔人。由于战争带来了太多的杀戮,违背了佛教中不杀生这一基本教义,所以国王杜多迦摩尼为减轻自己的负罪感,大力弘扬佛教,修建了很多著名的佛教建筑,如供养佛陀舍利的大塔和为大寺僧人修建的铜宫(高 9 层,每层百间僧房,黄铜涂顶,莲花雕刻铺地)。

杜多迦摩尼去世后(公元前 1 世纪下叶),斯里兰卡再遭南印度泰米尔人的入侵,僧伽罗国王被迫南逃,首都遭到血洗,很多寺庙被恶意焚毁,同时佛教内部分化斗争厉害。当时的国王伐多迦摩尼·阿巴耶为了感谢摩诃帝须长老在其流亡期间给予的帮助,将新修建的无畏山寺馈赠给了长老。至此,佛教分成了"大寺"和"无畏山寺"两派,两派经常为争夺佛教的领导权而相互倾轧。

1 世纪,这样的局面促成了斯里兰卡乃至南传佛教历史上的一个重要事件,即僧侣集结刻写了《巴利三藏》。大寺派僧人将南传的巴利语佛教经典写成了文字,这是斯里兰卡对南传佛教做出的历史性贡献,也奠定了大寺在南传佛教中的正统地位。

后来,随着佛教在印度的衰落,斯里兰卡便逐渐成为南传佛教的中心。3世纪，大乘佛教传入斯里兰卡，无畏山寺派开放博取，大寺派坚守正统。5世纪，北印度的觉音上座将《巴利三藏》里的僧伽罗文注释全部翻译成了巴利语，并在大寺完成一部"佛教百科全书"《清净道论》，详论戒、定、慧，系统阐述了南传佛教的基本理论和要义。著名的史书《岛史》和《大史》也分别在4、5世纪完成。《大史》则是僧人摩诃那摩所编的王统编年史诗，可视为大寺派所传的佛教史。

410年，中国的法显大师参访斯里兰卡，当时正是斯里兰卡大名王（即摩诃那摩）统治时期，大名王曾经出家为僧，后来才还俗继承王位。大名王是无畏山寺派，王后是大寺派。法显大师在无畏山寺参学2年，他的游记里记载有当时斯里兰卡佛教的盛况，当时斯里兰卡大约有6万名僧侣。7世纪时，在印度游学的玄奘大师曾两度想到斯里兰卡参学佛法，因斯里兰卡国内动荡而未果。当时斯里兰卡僧侣明显少于法显大师参访斯里兰卡时期的6万名，大约只有2万名。玄奘大师在《大唐西域记》中详细叙述了当时斯里兰卡的两派之争：大寺派排斥大乘佛法，推崇小乘佛法；无畏山寺派则学兼二乘、弘演三藏。

佛教生死存亡的衰落期

9世纪下半叶，由于泰米尔人的入侵，古城阿努拉德普勒连同佛教一起走向衰落。《大史》记载，曾经有5000余名僧人的大寺，只剩下32名僧人坚守在铜宫里。11世纪初，斯里兰卡遭受南印度的朱罗王国入侵达数十年，不但王宫宝物被劫，连供奉佛陀舍利的精舍也遭破坏，整个首都化为废墟，佛教徒受到打压迫害，佛教再次遭到灭顶之灾。

11世纪末，民族英雄维杰耶巴霍在南部起兵，最后赶走南印度泰米尔人。他为了恢复佛教,从缅甸邀请高僧前来重建佛法。随后南印度又入侵,到 12 世纪中期,巴拉克拉玛巴霍一世再度打败南印度统治者。统一斯里兰卡后,他又力振佛教,大寺派成为当时佛教仅存的正统,全国各地创建恢复寺院佛塔,编修佛典,国王把佛钵、佛牙迎请回来并安奉到卑罗斯罗山,明令僧团在全国举行传戒法会。

13 世纪初,玛柯率领马来军队入侵斯里兰卡,在其统治的 21 年内,斯里兰卡大力推崇婆罗门教,佛教受到打压。南印度泰米尔人结束了马来人的统治后,斯里兰卡开始推崇印度教,特别是 1582 年,拉迦辛诃强迫民众改信印度的湿婆教,并大肆破坏寺塔经典,杀戮僧侣,以致斯里兰卡境内居然见不到比丘。拉迦辛诃的这次灭佛是斯里兰卡佛教史上自玛柯灭佛后的又一次深重灾难。此后,僧伽罗地方王朝虽力图复兴佛教,却难以收到明显效果。

16 世纪,葡萄牙人接踵而来,强迫人民信仰天主教。17 世纪,荷兰人取代了葡萄牙人,命令人民改信基督教。直到 1753 年,才由泰国的长老优婆利等 10 人,为斯里兰卡的僧侣授戒,慢慢发展到 700 多位比丘、3000 多位沙弥。这个源自泰国佛法系统的教派被称为喀罗尼派,主要与斯里兰卡的贵族富人阶层交往,不给社会地位卑微的底层僧侣授戒。因此,社会地位低下的僧侣开始传承缅甸的戒法,另立佛法教团。

英国人统治斯里兰卡期间,虽然表面上承认佛教,但在教育上抬高基督教的地位,因此佛教在英国殖民统治时代一直处于边缘状态。直到 1833 年英译的《大史》等书刊行,欧洲人开始研究斯里兰卡佛教的起源,引发了当地佛教的复兴运动。

佛教的复兴期

佛教的复兴过程伴随着斯里兰卡人民为争取民族复兴而

进行的反殖民活动,可以说是宗教层面的去殖民化,因为佛教是最能代表僧伽罗民族文化传统的载体。古纳难陀长老身体力行地在全国各地宣传佛法教义,为佛教的复兴做出了重要贡献。在他的继任者达摩波罗长老的推动下,摩诃菩提会在 1891 年成立,成为世界上第一个国际性的佛教组织,推动了佛教的国际化发展。

当下斯里兰卡的佛教组织分成三大派系:最大的是暹罗系,由泰国传入,由成立于 1753 年的喀罗尼派发展而来;其次是阿摩罗补罗系,由创立于 1803 年的缅甸佛法派发展而来;第三派是罗曼那派,是暹罗系的改革者于 1865 年创立的,促进了近代斯里兰卡 2 所最重要的佛教研究机构和传播机构——智增佛学院(1873)和智严佛学院(1876)的诞生。

三大派系在基本教义上并无不同,主要差异在于地域、阶级、身份和持戒的精严程度。在南传佛教国家中,斯里兰卡已成为当代佛学研究的先进国家。智增佛学院和智严佛学院先后提升为佛教大学,接受僧俗学生。较资深的斯里兰卡大学也设有初、高级巴利文及佛学研究课程。科伦坡的阿难陀学院和穆沙兀学院,加勒的摩晒陀学院和康提的法王学院,都是较为著名的佛学研究中心。在斯里兰卡的居士团体中,创立于 1898 年的青年佛教会,目前已发展为主要的佛教团体组织;斯里兰卡佛教徒会议,由全国各佛教团体代表组成,讨论整个佛教界的大事;斯里兰卡佛教联盟,也由各佛教团体代表组成,是佛教徒的守护团体,在保护佛教权益方面,扮演了极其重要的角色。

斯里兰卡对国际佛教的推动,贡献卓越。斯里兰卡摩诃菩提会创立于 1891 年,总部设在科伦坡,致力于弘扬佛法,甚至远及国外,发行《僧伽罗佛教》期刊。除该学会外,还有 1950 年创立的世界佛教徒友谊会。到 1975 年为止,斯里兰卡佛教组织派遣到国外弘法的法师人数仅次于日本。在亚洲、美洲和欧洲各城市中，都可见到住在精舍或寺院的斯里兰卡僧侣。大致来说，斯里兰卡比其他佛教国家更加积极促进非佛教国家对佛教的了解和修习，是南传佛教传统的代表，在国际弘法上扮演了重要的角色。

　　佛经有云："见如来舍利，如见佛。"《大般涅槃经后分》中说："佛告阿难及诸大众，我涅槃后，天上人间一切众生，得我舍利，悲喜交流，哀感欣庆，恭敬礼拜，深心供养，得无量无边功德。"在"佛牙4颗"说中记载有2颗释迦牟尼的佛牙留在人间，目前佛教徒公认的2颗真正的佛牙舍利分别在斯里兰卡和中国。第一颗是在371年流传至斯里兰卡，目前在康提佛牙寺内供奉的"锡兰佛牙"；第二颗是在475年，中国南朝的法显高僧到西域取经，路经新疆和田一带时获得的一颗释迦牟尼的佛牙。该佛牙于1071年被供奉到燕京西山灵光寺招仙塔（即中国北京西山灵光寺佛牙塔供奉的"法显佛牙"）。中国的这颗佛牙舍利曾经应邀在1961年到斯里兰卡接受信众瞻仰。斯里兰卡人将佛牙视作至上国宝，国王即位要先取得佛牙供养之权，历代统治者以拥有佛牙祭祀权作为正统地位的象征。直到今天，斯里兰卡总统任职时还要前往康提佛牙寺礼赞佛牙。每年7月或8月月圆前后在康提隆重举行的佛牙节更是佛教盛事。

苦难的殖民时代（1505—1948）[①]

葡萄牙殖民时期（1505—1658）："灾难的诅咒——肉桂"

1498 年，达·伽马绕过好望角，到达印度。葡萄牙人随后开始在印度西南海岸建立殖民统治。因为葡萄牙人忙于和阿拉伯人争夺印度洋的贸易航线，所以无暇关注与南印度隔海相望的岛国。一直到 1505 年，印度的葡萄牙总督的儿子洛伦索·德·阿尔梅达在海上追击阿拉伯船队时遇到了大风暴，船被吹到了陌生的海滩上。他们在斯里兰卡南部港口高尔上岸，偶然间发现了这个美丽的岛屿，遍地是被欧洲人视为珍宝的香料——肉桂。就是这种在斯里兰卡最为普通的香料植物招来了大量殖民者，所以肉桂被当时的斯里兰卡人称为"灾难的诅咒"。

从洛伦索·德·阿尔梅达踏上斯里兰卡西南海岸的那一刻起，就意味着这个岛国延续了 2000 多年的封建王朝轮替命运即将结束，从此进入长达 4 个多世纪的殖民时代。当时的斯里兰卡正处于三足鼎立时代，类似中国的三国时期。北部是泰米尔人的贾夫纳政权；中部高地是僧伽罗人政权——康提王朝，主要以农业为主，因为修建的佛牙寺拥有代表王权象征的

① 佟加蒙：《殖民统治时期的斯里兰卡》，社会科学文献出版社 2015 年版，第 58—156 页。

佛牙,所以自认为代表正统的僧伽罗文化;西部沿海低地的僧伽罗人政权——科特王朝,在科伦坡附近,主要从事渔业和贸易,这个地方政权最早可追溯到11世纪南迁的古老政权,其第五世国王就是被郑和俘虏后带回大明朝的那位,第六世国王是由大明王朝钦点的,因此在他执政期间和大明王朝保持着友好往来并得到了大明的支持。他统治的时期被评为"僧伽罗历史上最后的光辉时代"。

1517年,科特政权允许葡萄牙人在科伦坡建立贸易据点。殖民者一旦站稳脚跟,双方的关系就不由僧伽罗科特王朝做主了。1521年,葡萄牙人趁科特王室兄弟内讧之机,插手政权,赶走玛亚度纳,把布宛尼科巴乎扶为国王并逐渐把他傀儡化。1557年,科特国王改变宗教信仰,放弃佛教皈依天主教,甚至立下了遗嘱,死后将王国交给葡萄牙人。葡萄牙人统治期间,统治中心都放在科特。

北部的泰米尔贾夫纳政权在早期并没有受到葡萄牙人的侵扰。葡萄牙人关注的是肉桂、象牙和海上贸易,对于气候干旱、物产贫乏的北部地区没有什么兴趣。然而与科特王朝的情况一样,泰米尔贾夫纳政权出现了内乱。1519年,弑君上位的新国王桑几利,面对民心缺失和王位不保局面,不得不求助于葡萄牙殖民者,并允许天主教传教士在北部传教。

印度教是泰米尔人融入精神骨髓的信仰,也是贾夫纳政权得以维系的精神支柱。一旦宗教信仰崩塌,政治统治的根基就随之动摇。为了巩固自己摇摇欲坠的统治,桑几利又分别求助于南印度的泰米尔政权和反对葡萄牙人的中南部僧伽罗政权,这让小小岛国的政治局面越发混乱。1543年,葡萄牙人担心南印度人危及其北部保克海峡的贸易航行,便派出海军,从海面直接攻击贾夫纳。此后,葡萄牙人的军事活动再没停止,直到将贾夫纳王室成员全部俘虏并拘禁到南印度的殖民据点——果阿。1591年，葡萄牙人完全占领斯里兰卡北部地区，不顾泰米尔人的强烈反抗，强行推行天主教。至此，整个斯里兰卡除了中南部高地外，全部沦陷为葡萄牙殖民地。

1594年，驻扎在南印度殖民据点果阿的葡萄牙军队开始攻击康提，他们甚至带来了一位已故国王的女儿，并给她取了个葡萄牙名字，准备攻下康提后将其任命为该地区的傀儡女王。令葡萄牙人意外的是，他们遭到了高地军民的激烈反击，几乎全军覆没，带去的公主没当上傀儡女王，却成了康提国王的王后。康提王朝为了抵抗葡萄牙人，甚至不惜与荷兰人结盟来驱赶葡萄牙人。1658年，在僧伽罗高地政权和荷兰人的联合攻击下，葡萄牙人退出了斯里兰卡，结束了其一个半世纪的殖民统治。

葡萄牙殖民者的"文化迂回"侵略政策对斯里兰卡人种、语言和文化都产生了明显的影响。葡萄牙人和当地人通婚后生下混血后代，这些后代被称为"伯格人"，这是一个新生的族群。这个族群无论在血缘上还是文化因袭上都兼具外来族群和本土族群的特点，但又无法完全融入外来族群和本土族群，只好将身份独立于两者之外，成为2个不同族群的联系纽带。

葡萄牙统治时期，伯格人约占统治人口的2％，像"席尔瓦""佩雷拉"就是明显带有葡萄牙人特征的姓氏。相应地，也产生了一种由葡萄牙语和僧伽罗语混合的所谓"克里奥尔语"，葡萄牙语词汇进入了僧伽罗语言体系。虽然葡萄牙人被荷兰人取代，但葡萄牙语的痕迹被永久地留存下来。截至现代，据不完全统计，僧伽罗语中至少有1000个常用的葡萄牙语外来词。

葡萄牙殖民统治带来的另一个重大影响是宗教信仰。葡萄牙人让当时的低地僧伽罗国王改信天主教，由上至下，让大量民众从佛教改信了天主教,大量会说当地语言的传教牧师深入城市和农村,获得了相当多民众的支持,这让斯里兰卡天主教在荷兰人统治期间得以顽强地生存了下来。

荷兰人殖民时期（1658—1802）："用生姜换来了辣椒"

荷兰人早在 1601 年就来到过斯里兰卡,那是前往印度科钦的荷兰船队的短暂到访。1602 年,荷兰探险家范·斯皮伯根抵达斯里兰卡的东海岸,避过葡萄牙人统治区,直接和高地的僧伽罗政权建立了联系。紧跟其后,荷兰东印度公司前往高地政权中心康提与高地国王洽谈合作。真正与荷兰人展开合作的高地国王是赛纳拉特,他原本是一位出家高僧,在继承了表弟的王位后,又把表弟的王后变成了自己的王后。为了驱逐葡萄牙人,他主动与荷兰人合作。到他儿子继位的时代,高地国王不但寻求荷兰人的帮助,甚至连法国人和丹麦人都被邀请来一起对抗葡萄牙人。

荷兰人在 1656 年占领了科伦坡,低地的僧伽罗王国灭亡,随后荷兰人攻下北边的贾夫纳,泰米尔贾夫纳王国灭亡。荷兰人完全控制了葡萄牙人的殖民地盘和资产,包括炮台和肉桂香料的垄断贸易。这对希望借荷兰人之手扩张地盘的高地僧伽罗政权而言是莫大的失望和嘲讽。当时的高地政权军事力量非常薄弱(以长矛枪队为主),且封建王朝的积习不改,内讧频繁,根本没有力量对抗荷兰人。为了赶走贪婪的荷兰人,高地政权又寄希望于随后而来的英国人,而英国人干脆把整个岛国彻底变成了殖民地。所以斯里兰卡有一个用来自嘲的谚语:"用生姜换来了辣椒。"意思是新的殖民者更加狠毒,为此所做的一切努力都是得不偿失的。

荷兰人并不热衷于占领领土,他们需要的是在沿海地区建立统治,确保东印度公司在印度洋上有安全的落脚点和中转地,所以一边采用低姿态与高地政权保持非敌对关系,一边构建了北部以贾夫纳为中心、中南部沿海以科伦坡为中心、南部以高尔为中心的统治链条,将高层职位紧紧握在自己手里,在中低行政职务上雇用了很多泰米尔和僧伽罗人。为了重建战乱之后的经济,荷兰人开始从南印度招募大批泰米尔低种姓的劳工,这些劳工被烙上"VOC"标记,带到斯里兰卡各类种植园里进行低报酬的劳动。

和葡萄牙人一样,很多荷兰东印度公司的人和当地人通婚生下了混血后代,这些后代被称为"荷兰伯格人"。他们拥有一些荷兰政府给予的特权,如某些获利丰厚的行业由其专属经营。相应地,大量荷兰语词汇(主要是司法和行政词汇)进入了僧伽罗语系。荷兰人统治期间将罗马-荷兰法体系(大陆法)引入了斯里兰卡,建立了完整的司法体系,今天斯里兰卡法律体系依然有很明显的罗马-荷兰法印记。

荷兰人统治期间,很多低种姓的人拥有了在封建时代不可能拥有的土地,财产确权制让很多低种姓的人拥有了稳定、有保障的经济地位。在封建时代,王权之下的私有财产是得不到保护的,这也加剧了低种姓对高种姓的不满。

英国殖民时期(1802—1948):"以夷制夷"

在沿海地区落到荷兰人手里后,高地王国便开始与在印度的英国殖民者保持密切联系,还建议英国人到斯里兰卡东北部的亭可马里建城堡。1661 年,英国查理二世与葡萄牙公主联姻,孟买等葡萄牙在印度的殖民点被作为嫁妆送给英国。两国签订同盟协定,相约将荷兰人赶出斯里兰卡后,均分殖民资产,科伦坡归葡萄牙人,高尔归英国人,肉桂贸易特权平分。

　　1762 年,英国东印度公司派遣了第一个外交使团到斯里兰卡,从高地政权手里获得亭可马里的落脚点。亭可马里是斯里兰卡东北部的天然良港,是高地王国对外联络和运输物资的重要通道。由于荷兰自身的没落,加上高地政权的配合,英国人几乎没费什么周折就接手了荷兰人在斯里兰卡的全部殖民遗产。1798 年,诺斯被任命为首任总督;1802 年,英国与法国签订了《亚眠条约》,斯里兰卡正式成为英国殖民地。

　　英国人把高地王国看作"仅仅是名义上的主权国家",同时高地王国内部也出现了末世气息。接连几个国王都没有子嗣,权臣当道。到 1815 年,高地的末代国王被自己的权臣拘禁,连同 4 个后妃一起被押送到科伦坡交给英国人处理,最后被流放到印度。由此,整个斯里兰卡沦为英国殖民地。为了抑制、平息僧伽罗民族的反抗,殖民政府在不同总督统治阶段分别采取了多种措施,包括武力镇压、族群分化、经济干预和行政区划调整等。

　　第一届总督诺斯,统治时期为 1798 年到 1805 年。他大权独揽,对行政、财政和司法进行了全面改革。在英国人看来,斯里兰卡高种姓作为世袭的封建上层建筑的核心阶层,受到其余种姓的支持和拥护,将他们作为工具显得更为可靠且更有效。因此,英国人对种姓的态度与印度等其他南亚地区无异,可以总结为承认、平衡和利用。僧伽罗高维地方首领的地位在殖民政府中得到了空前提升。1806 年,英国殖民政府颁布法令全面承认了泰米尔种姓义务和规范在贾夫纳地区的法律效应;强制推行禁奢令,低种姓的人必须支付费用才能在正式场合穿戴配饰和使用交通工具,以防止低种姓的人破坏那些只有高种姓才配参加的仪式和享有的尊重。这个时期虽然肉桂交易不顺利,但珍珠采集方面获利颇丰。如英国东印度公司在 1796—1798

年的珍珠收益就高达 40 万英镑,与征服岛国所支出的 1 万多英镑相比,殖民收益是巨大的。

诺斯之后,约翰·罗德尼进一步巩固了英国在斯里兰卡的统治地位。他将整个斯里兰卡划分为 8 个收税区,设立专门的税务官。这些收税区是现代斯里兰卡 9 个省的基础。在司法方面,设立了最高法院和地方各级法院,建立了相对完善的司法体系,设有针对本地族群和外来殖民者的 2 套体系,规定行政不得干预司法,从而形成了现代斯里兰卡民主制度的雏形。在经济方面,开始播种更多的经济作物,如咖啡、椰子等,渐渐改变了斯里兰卡原有的自给自足的小农经济,也加速了社会转型和种姓制的变迁。

之后,戈德里奇子爵为了迎合资本主义发展的需要,放弃了按照种姓进行强制劳役的传统模式,建立自由、灵活和廉价的劳动力市场。因为斯里兰卡现有的种姓制度将老百姓束缚在固定的职业上,这对劳动力自由流动非常不利,约束了市场经济发展,所以从 1833 年开始,英国殖民政府的态度转变,让斯里兰卡的种姓政策发生了 180 度巨变,激化了斯里兰卡的种姓矛盾,埋下了斯里兰卡独立后的政治斗争和僧泰内战的隐患。调整行政区划,将中部山区的一部分与北部泰米尔人聚居区划到同一个省,以分割团结的中部僧伽罗族群;有意识地将沿海低地的僧伽罗人和泰米尔人移到中高地的种植园;推出新的税赋制度,新的税收项目连家养宠物都包括在内。种植园经济的发展打碎了斯里兰卡 2000 多年以来以水稻种植业为主的传统小农经济模式。

英国从荷兰手中夺得对斯里兰卡的殖民统治权后,一直采用"以夷制夷"的统治方针。由于在南印度已经和泰米尔人建立了密切的关系,英国就从南印度引进大批泰米尔人充当自己在斯里兰卡的利益代言人,取消僧伽罗人在荷兰人统治时期获得的种种特权,刻意提拔少数民族泰米尔人在斯里兰卡的经济社会地位。当时泰米尔人约占全国总人口数的18％,僧伽罗人约占总人口数的74％。英国殖民政府为了让弱势的泰米尔人能对抗强势的僧伽罗人,一方面人为抑制强势的僧伽罗人在政府中的行政力量,另一方面不断提升弱势的泰米尔人在经济和教育方面的地位。发展到独立前的1947年,仅占全国人口18％的泰米尔人却占政府官员总职位的40％,甚至连泰米尔低种姓的政治力量都在委员会中占据了一定的席位。英国殖民统治下长期实施的"以夷制夷"政策导致受压制的僧伽罗人对泰米尔人的仇恨日渐加深,这成为斯里兰卡独立后2个民族矛盾不断激化的根源。

如前所述,在封建时代,北部泰米尔人王国和南方僧伽罗人王国之间很少联系,甚至在葡萄牙人和荷兰人统治期间也未能打破2个民族的隔绝状态。到18世纪英国占领了全岛并建立了中央集权之后,斯里兰卡2个民族才被纳入统一的政治体系之中。英国殖民统治中央集权制的正面作用是促进了2个民族的融合,促进了僧伽罗人和泰米尔人的交往;反面作用是加深了两族的矛盾。特别是在英国殖民统治后期,一系列政策不仅激化了僧伽罗种姓与泰米尔种姓的矛盾,也激化了种姓内部的矛盾。

民主政治最早是由英国人引入斯里兰卡的,这一明显带有强制意味的行为让这种与传统封建社会明显格格不入的政治元素在斯里兰卡社会中生硬地植下根来。英国殖民政府委员会成员的选举是向斯里兰卡的精英阶层敞开的。这里的精英阶层就是僧伽罗和泰米尔的高种姓集团,以及欧亚混血的伯格人。不仅参选人限制在高种姓之内,连参与投票的人也必须来自高种姓。他们要么来自传统的贵族家族、政治家族,要么来自拥有强大经济实力和社会基础的大家族。在很长一段时间内,只有僧伽罗人中的高维种姓和泰米尔人中的维拉拉种姓才享有这种权利。低地的渔民种姓经济实力虽然远强于高维种姓的群体,但直到 1912 年才有代表挤进委员会。至于其他低种姓,不管他们的人口有多少,政治和经济上的绝对弱势都让他们完全没有参与政治的机会。他们既没有投票的权利,也没有输送代表自己种姓的候选人的可能。

英国殖民统治期间,斯里兰卡大力发展以经济作物种植为主的出口导向型经济。这种经济模型依赖于国际市场对特定经济作物产品的需求,依赖于对运输和销售渠道的控制,这使斯里兰卡的经济更受制于外部因素,缺乏自己的独立性。

英国殖民统治期间先是大力发展咖啡、橡胶、椰子种植,后来因为咖啡锈菌的蔓延毁掉了整个咖啡产业,所以改种茶叶。到 19 世纪末期,椰子的种植面积占到经济作物的 41%,在很大程度上提升了低地种植区人民的经济地位,出现了一些大家族,如班达拉奈克家族。种植园经济积累的财富为这些家族在国家独立后实现政治抱负积累了必要的资本。茶叶到 19 世纪末成为斯里兰卡的支柱性产业,出口收入占斯里兰卡总出口的 50% 左右。茶叶种植是英国殖民者留给斯里兰卡的一个重要产业。

然而,大量经济作物挤占了农田,导致殖民统治后期斯里兰卡粮食严重依靠海外进口,独立后出现的粮食大饥荒即起因于此。英国殖民者出于运输各类经济作物的需要,在斯里兰卡总共修建了约 5000 英里①的道路,这些道路基本覆盖了全国。

———————

① 1 英里≈1.6 千米。

19世纪60年代建成的第一条铁路连通了科伦坡和康提,到19世纪末,1000多英里的铁路修建完成,大大提高了斯里兰卡的交通基础,促进了经济的发展。

获取经济利益是殖民活动的最终目的,建立殖民统治和发展殖民文化都是为了实现经济掠夺这一目的所采取的手段。英国殖民政府通过行政法令规定各级政府和宗教机构的联系限制,在客观上断绝了佛教从官方组织处获得捐助的机会,间接削弱了佛教的影响力。土地政策的制定,推动了大量闲置土地的自由流转,在这个过程中,佛教寺庙的土地也逐渐被纳入了市场流通领域,导致寺院不动产慢慢减少,佛教传播实力越来越弱。同时,大量拨款建立教会学校,将推广英语作为一项主要的殖民策略。这些举措大大促进了基督教的传播。教会学校的西式教育培养了大量亲英派(认同殖民统治的精英阶层),在文化层面进一步打破了斯里兰卡原有的种姓及相关传统的约束;培养了大批既会讲英语,又熟悉本地民情,还可以接受较低报酬的中低级行政事务性公职人员,但也正是这批人员成了反殖民统治的核心力量。1921年前后的人口普查显示,熟练掌握英语的斯里兰卡成年男性人数在10万左右,这批以僧伽罗人为主体的中产阶层是斯里兰卡独立前本土社会的中坚力量。

中斯友谊　源远流长

古代中斯两国的官方来往

中国十几部正史,如《汉书》《梁书》《魏书》《宋书》《新唐书》《南史》《元史》《明史》等中都有关于斯里兰卡的记载。这些古书中提到的斯里兰卡的名称多达 30 余个,如师子国、执师子国、师子洲、私诃絜国、斯条国、斯调洲、私诃条国、斯调国、僧伽刺、僧伽罗、狮子国、僧诃罗国、私诃罗国、新合纳的音、信合纳帖音、星哈刺的威、楞伽岛、棱伽山、细兰、细轮叠、悉兰池、西兰山、西仑、西岭、宝渚、宝洲、锡兰①,还有已程不国、楞伽、兰卡、锡兰山等。其中"师子国"的名称出现得最多,这可能是根据"僧伽罗"翻译而来的,因为"僧伽罗"一词本身就含有"狮子"的意思。如《大唐西域记》明刻本第十一卷记载:"僧伽罗国,古之师子国也,又曰无忧国,即南印度。其地多奇宝,又名曰宝渚。昔释迦牟尼佛化身名僧伽罗,诸德兼备,国人推尊为王,故国亦以僧伽罗为号也。以大神通力,破大铁城,灭罗刹女,拯恤危难,于是建都筑邑,化导是方,宣流正教。示寂留牙,在于兹土。金钢坚固,历劫不坏。宝光遥烛,如星灿空,如月炫宵,如太阳丽昼。凡有祷禳,应答如响。国有凶荒灾异,精意恳祈,灵祥随

---

① 　耿引曾:《以佛教为中心的中斯文化交流》,周一良主编:《中外文化交流史》,河南人民出版社 1987 年版,第 475 页。

至。今之锡兰山,即古之僧伽罗国也。"

《汉书》记载,早在 2000 多年前,西汉就曾派遣使臣访问已程不国。这是两国最早的官方接触。汉平帝统治时期(1—6),汉朝曾派使团去一个叫黄支的地方。《汉书》记载,使团回国途中,经过已程不国。有的学者认为已程不国就是今天的斯里兰卡。①《汉书》的这个记载,正好与其他一些国家的记载一致,如古罗马历史学家普林尼便曾记载,1 世纪时,中斯两国已有贸易往来。

魏晋南北朝时期,中国佛教快速发展,两国使节往来频繁。中国与斯里兰卡的文化交流正式开始,尤其是在佛教文化方面。东晋时,师子国国王一心想跟中国发展良好关系,当他听到东晋孝武帝(373—396 年在位)崇奉佛教,便派遣沙门昙摩经海路送来极为珍贵的 4 尺高的玉佛像一尊,历经 10 年,直到义熙二年(406)才到达建康(今南京)。此时,中国佛教界涌现出一股出国求法热潮,很多中国僧人前往印度、斯里兰卡等佛教大国求法取经。东晋时,高僧法显是现有文献记载中第一个从中国西域陆上丝绸之路出国去印度取经,后从海上丝绸之路回国的。法显于 410 年到达斯里兰卡。他写的《佛国记》中有对海上贸易和中国丝织品外传的描述,其文曰:"法显去汉地积年,所与交接悉异域人,山川草木,举目无旧,又同行分披,或留或亡,顾影唯己,心常怀悲。忽于此玉像边见商人以晋地一白绢扇供养,不觉凄然,泪下满目。"5 世纪,法显在斯里兰卡看到中国产的白色丝绸扇,第一次为中斯关系的存在提供了历史证据。章巽《法显传校注》记载,法显在斯里兰卡住了 2 年,后来是乘商人的大船回中国的,大船上有 200 多个商人。

---

① 耿引曾:《汉文南亚史料学》,北京大学出版社 1990 年版,第 7 页。

五胡十六国期间,刘宋元嘉五年(428),师子国国王摩诃那摩派4个僧人、2个白衣送牙台象来宋。元嘉七年(430)和元嘉十二年(435)都有师子国遣使来宋赠送方物的记载。《宋元嘉起居注》载:"师子国王遣使奉献,诏答曰,此小乘经甚少,彼国所有,皆可悉为写送之。"这说明小乘佛经是中国急需从师子国引入和学习的。魏晋南北朝时期,从斯里兰卡来中国的僧人,有的是斯里兰卡本地的,有的则是印度僧人,在斯里兰卡游历之后,又来到中国。到访的有名高僧有求那跋摩、僧伽跋摩、僧伽跋弥、求那跋陀罗等。

唐代,中斯两国使者的相互访问日益频繁。当时的中国是世界上最强盛的国家,也是中国古代历史上最开放的时期,中外交流相当频繁。在5世纪和6世纪,斯里兰卡曾6次派遣大使来唐朝。这一时期,中斯之间除了政治上相互往来较多以外,贸易也较为频繁。斯里兰卡不仅是中国的贸易伙伴,也是中国和其他国家经济贸易往来的枢纽和中转站,斯里兰卡在中国的对外交往中占有非常重要的地位。当时,横穿亚洲腹地的丝绸之路空前畅通,中国的丝绸、陶瓷等商品经此路运往西方;同时,西方的珠宝、药材、香料等也不断输入中国。

唐代著名地理学家、唐德宗时期的宰相贾耽记载,当时中国开往印度洋以西国家的船舶,一般从广州出发,经越南东海岸到新加坡,过马六甲海峡,再经尼科巴群岛到斯里兰卡。对外贸易以海上贸易为主,分为交广和楚扬南北两线。当时中国重要的航海贸易港口有广州、交州、泉州、潮州和楚州。交州和广州担负对阿拉伯帝国、南洋和印度洋国家的贸易。《唐国史补》卷下云:"南海舶,外国船也。每岁至安南、广州。师子国舶最大,梯而上下数丈,皆积宝货。"中国从斯里兰卡进口的商品主要有珍珠、香料、象牙、宝石、珊瑚等,从中国出口到斯里兰卡的商品主要有丝织品、瓷器、金银、铜钱。

　　元代时，人们已经熟练利用季风规律出海，返航时凭借指南针定位航行的方向，观看天象便可预知天气的变化。元朝政府继续发展同斯里兰卡的友好关系，积极拓展海外贸易。元代时，斯里兰卡又被称为"新合纳的音""信合纳帖音""星哈剌的威""僧伽剌"。元代时，中国皇帝曾先后 4 次，即于 1273 年、1284 年、1291 年、1293 年派人去斯里兰卡。1273 年的那次，是忽必烈大帝派其长子阿不合前往斯里兰卡做药品贸易，直到 1284 年才奉诏返回。亦黑迷失是元代一位著名的航海家，也是一名极其虔诚的佛教徒。他应元世祖忽必烈之命，于 1272 年第一次率船队出使南洋；1284 年，他第三次率船队出使，这次的目的地是僧伽剌国，也就是今天的斯里兰卡。《元史·亦黑迷失传》记载，他在 10 多年的时间里先后 5 次奉命出使海外，特别是多次出使印度和斯里兰卡等佛教国家，在政治经济上加强了中国与这些国家的联系，扩大了元朝在海外的影响。他最后告老定居在福建泉州。

　　明朝时称斯里兰卡为锡兰山。15 世纪初，著名航海家郑和受明成祖派遣，率领庞大船队下西洋。郑和下西洋的"西洋"，除包括现在东南亚大部分海岛地区和整个中南半岛地区外，还包括印度洋上的斯里兰卡、南印度沿岸直至阿拉伯半岛及东非国家。故《明史》云："永乐时，郑和遍历东西洋。"郑和于 1405 年至 1433 年间 7 次下西洋，每次都造访锡兰山（斯里兰卡）。1406 年第一次到达锡兰山，郑和注意到该岛人民强烈的宗教情绪。第二次下西洋访问时，他专门拜访佛寺，布施大量礼品，并立布施碑以表尊重。著名的"郑和锡兰碑"（全称"郑和布施锡兰山佛寺碑"）成为中斯两国人民友谊的历史见证。这块碑是在中国就已经准备好的，上边镌刻的时间是永乐七年岁次己丑二月甲戌朔日(1409年)。该碑高144.78厘米,宽76.2厘米,厚12.7厘米,碑文用中文、泰米尔文、波斯文3种文字写成。中文记载了对佛教释迦牟尼的敬献,泰米尔文记载了对印度教主神毗湿奴的尊敬,波斯文记载了对伊斯兰教真主安拉的尊重。

"郑和锡兰碑"碑文如下:"大明皇帝遣太监郑和、王贵通等昭告于佛世尊曰,仰惟慈尊,圆明广大,道臻玄妙,法济群伦。历劫河沙,悉归弘化,能仁慧力,妙应无方。惟锡兰山介乎海南,言言梵刹,灵感翕彰。比者遣使诏谕诸番,海道之开,深赖慈佑,人舟安利,来往无虞,永惟大德,礼用报施。谨以金银织金纻丝宝幡、香炉、花瓶、纻丝表里、灯烛等物,布施佛寺,以充供养。惟世尊鉴之。总计布施锡兰山立佛等寺供养,金一千钱、银五千钱……"1911年初,英国工程师托马林在斯里兰卡加勒发现了该碑。从布施碑的建立到发现,在500多年的漫长岁月中,虽然斯里兰卡高温多雨的气候使石碑受到一些蚀损,但石碑上的文字基本上是可以辨认的,尤其是汉文部分,保存得比较完整。它的历史价值立即得到了有关学者的重视。这座石碑如今珍藏于科伦坡博物馆,是古代中斯两国友好往来的见证。

郑和第一次经过斯里兰卡时,沿海低地的僧伽罗国王亚烈苦奈儿想袭击掠夺,未遂;郑和第三次下西洋回国时经过斯里兰卡,亚烈苦奈儿又计划劫掠郑和的船队。这次郑和决定反击,他兵分两路抗敌:一路派小股部队绕道潜回总部驻地,通知船队上的士兵做好准备,不得有闪失;另一路由他亲自率领,共3000多人,人数虽少,但个个骁勇善战。郑和按原路折回,趁城内兵力空虚之机,出其不意攻城,生擒亚烈苦奈儿国王及其家属,并随船带回大明。明成祖朱棣派遣使者前往斯里兰卡,册封耶巴乃那为新国王，同时发放路费、衣食等，将老国王遣送回斯里兰卡。

古代中斯两国的民间往来

除了官方往来以外，中国和斯里兰卡民间在贸易方面的往来十分密切。从 3 世纪开始，斯里兰卡就因其便利的港口位置成为印度洋商业贸易的转运中心。到 6 世纪，斯里兰卡成为印度洋贸易网的重要枢纽，通过海路与全世界的商业贸易中心相连。上古时期，中国与斯里兰卡主要是转运贸易和区间贸易。但到了中古时期，中斯之间的贸易主要是围绕着圣物及香料进行的。韩愈《送郑尚书序》载，扬帆远航到岭南之地进行交易的有林邑、扶南、真腊、于陀利等国的商人。他们输入中国的货物除了排名第一的南海知名的珍珠外，排在第二位的就是香，涌入岭南一地的香药不可胜数，进口量很大，在佛教漫长的东传过程中，檀香与佛教更是形影不离。可以说"佛教无檀香不传，檀香无佛教不贵"。在唐代，中国与盛产檀香的南海诸国进行了直接的官方交流，大量檀香从海陆两路进入了佛教鼎盛的唐代社会。檀香不仅被唐人用于雕刻佛像，还用于建造寺院之楼阁、佛塔，制作成装佛像的圣盒、装佛经的书轴、僧徒所持之锡杖等佛教圣物。

此外，中国和斯里兰卡在医药方面的交流也早已为世人所知。斯里兰卡的兰医和中国的中医之间，无论在诊断上还是在治疗上，都有许多相似的地方。中国有许多中草药就是从斯里兰卡引进的。史书记载，斯里兰卡国王每次赠送给中国皇帝的礼品中几乎都有几味草药。

斯里兰卡的考古发现中有大量中国瓷器。这些大多是在港口地区发现的，暗示着当时是作为珍贵商品放在商船中的。

在斯里兰卡的海边和内陆地区,考古人员也发现了一系列重要的中国陶瓷器,有一些可以追溯到唐代。在斯里兰卡北方的阿莱皮蒂遗址发现了宋代的瓷器碎片;元明清时期的瓷器,在斯里兰卡多个考古地区都有发现,如科伦坡、别罗里和加勒都有青白瓷出土。斯里兰卡的国家博物馆里保存着完好的青白瓷和元代单色瓷器。中国古钱币也在斯里兰卡多有发现。这些考古材料很好地证明了中斯友谊源远流长。

唐代中斯之间贸易频繁的情况在很多诗文中都有体现。如韩愈《送郑尚书赴南海》:"番禺军府盛,欲说暂停杯。盖海旂幢出,连天观阁开。衙时龙户集,上日马人来。风静鵋鹏去,官廉蚌蛤回。货通师子国,乐奏武王台。事事皆殊异,无嫌屈大才。"洪适《设蕃致语》:"舻人指日欲开樯,洽此需云宠远商。奇物试求师子国,去帆稳过大蛇洋。银杯更尽金杯饮,黑暗仍兼白暗将。方伯使华清彻底,不闻私有橐中装。"《设蕃乐语》:"经略政容狱市,誉溢康庄。得华裔之欢心,知藩垣之大体。治如方庆,忿息昆仑之酋;诗美郑公,货通师子之国。"又如李昂英《送舶使周申》:"堂堂山立旧朝簪,久屈清流督献琛。风赶连艘出狮国,浪吹残句到鸡林。平生不隔同年面,中岁难禁惜别心。归见者英定相问,只言闭户万山深。"《广州新创备安库记》:"迩来唐儿罕到狮国,编户以财雄。惟桀贼频啸,重屯屡赘,多乎战,劳乎戍,人人得累资级,给倍无艺,竭其有共亿而州骤贫。"陶安《送赵心德赴番禺令》:"去天万里海南边,甘露清泠洗瘴烟。邑附羊城民按堵,路通狮国贾开船。"

中国和斯里兰卡是友好国家,两国友好交往的历史悠久,这种传统理念根植于跨越千年的友好交往之中。

古代中斯两国佛教文化间的交流

古代中国和斯里兰卡的文化交流主要体现在佛教方面,两国在佛教方面都取得了很大的成果，为推动世界佛教文化进步做出了很大的贡献。1世纪佛教传入中国后，广为传播，中国也逐渐成为佛教大国。僧侣们为了实现礼佛的梦想，纷纷前往印度及其他南亚国家求佛取经，客观上开启了中国与南亚国家交流的大门。以法显、求那跋摩、僧伽跋摩、玄奘、不空等为代表的中外高僧通过佛教文化的传播，促进了中斯之间的友好往来，为两国的文化发展做出了不可磨灭的贡献。斯里兰卡的比丘尼也来到中国传播佛教文化，这也是中斯佛教文化交流的重要内容。

中国佛教受斯里兰卡影响最大的例证便是十八罗汉。十八罗汉原为十六罗汉。十六罗汉是释迦牟尼佛的弟子，据经典说，他们受了佛的嘱咐，不入涅槃，常住世间，受世人的供养而为众生作福田，其中第七尊者迦理迦，与自眷属千阿罗汉多分住在僧伽荼洲，可能就是斯里兰卡人。十六罗汉的传入促进了中国绘画的发展，之后又演变为十八罗汉。

一些西行求法的高僧见多识广，用游记、区域志记载了当时各国的民俗与地理，对中国和亚洲地理学、历史学做出了重大贡献。如法显的《佛国记》，是研究5世纪初斯里兰卡的重要史料，记载了印度与斯里兰卡等国的民俗地理，增进了亚洲古代各国之间的了解。僧人义净的《大唐西域求法高僧传》和《南海寄归内法传》这2部著作中也有关于斯里兰卡的重要史料，重点记述了唐朝高僧玄奘赴印度求法寻经的过程，记录了中亚和南亚的历史。中国《高僧传》《宋高僧传》《续高僧传》是关于一些著名僧人在中国和南亚各国的传记。有的是中国的名僧从中国跋山涉水到斯里兰卡、印度求取佛法，有的是斯里兰卡和印度的高僧来中国传播、弘扬佛教。这些高僧在促进佛法的传播方面功绩卓著，大大促进了中斯两国的文化交流。以下是关于几位著名高僧的概述。

法显(约337—约422)

南朝梁慧皎《高僧传》卷三记载："释法显,姓龚,平阳武阳人,有三兄,并髫龀而亡,父恐祸及显,三岁便度为沙弥。居家数年,病笃欲死,因以送还寺。信宿便差。不肯复归……后至荆州,卒于辛寺,春秋八十有六……"他先于家乡寺庙中修行,后入长安寺庙中。在长安期间,法显慨叹僧团规范与经律残缺,于是与同学慧景、道整、慧应、慧嵬等,于隆安三年(399)离开长安,西渡流沙,越葱岭,往天竺求法,此时其已年逾花甲。前后历10余年,经30余国,携回许多梵本佛经。其路程经长安、敦煌、于阗到中印度,遍历佛迹后,3年学于华氏城,2年学于恒河下游加尔各答附近,后于斯里兰卡游历2年,又经苏门答腊,于义熙八年(412)归国。回国后,法显在建康(今江苏南京)道场寺与他人合译《摩诃僧祇律》《大般泥洹经》《杂藏经》《杂阿毗昙心论》,后又将其取经求法的经历写成闻名中外的传记《佛国记》。此书是关于中国人从长安经西域至印度的陆路行程,以及从印度泛海至中国的海路航线的最早记录,也是中国人最早以自身经历和实地见闻记述一千五六百年以前中亚、南亚、东南亚部分的历史、地理、宗教状况的杰作,具有较高的真实性和重要的史料研究价值,因此受到了中外学者的高度重视。

《佛国记》中关于斯里兰卡的部分大概占全书的1/8,其中详细记载了法显在师子国期间的所见所闻。斯里兰卡的历史资料记载,法显到达时,当时师子国的国王叫"摩诃那摩",该国政治稳定,经济繁荣,僧人有60000人左右。根据斯里兰卡的历史文献和《佛国记》记载,联合国教科文组织从1981年开始对法显居住过的坐落于当时师子国首都的无畏山寺遗址进行考古发掘和研究。发掘出土的资料表明,法显著作中曾提及的佛塔、佛祖脚印、佛堂、礼堂和其他一些僧房已基本弄清楚了。法显对中斯两国佛教文化交流的贡献,不仅在于他在自撰的游记中第一次向中国人民详细介绍了古代斯里兰卡的情况,以及从斯里兰卡取回的重要的经律,完善了汉译广律和"四阿含",还在于他为中斯文化交流开辟了一条道路。

玄奘(602或600—664)

玄奘俗名陈祎(梵文名摩诃耶那提婆,唐言大乘天,世称唐三藏,意谓其精于经、律、论三藏),13岁出家,28岁时便被誉为"释门千里之驹"。因当时国内佛经体系杂乱,翻译差错又多,贞观三年(629年,一说贞观元年),玄奘开始西行求法。由于未获朝廷批准,只得偷渡出玉门关,取道伊吾至高昌,又经焉耆、库车进入中亚,越过兴都库什山,在跋涉近1年、历经千难万苦后,终于从阿富汗进入印度。他游学印度十几年,请教、跟随过许多著名的高僧,他停留过的寺院包括当时的著名佛教中心那烂陀寺。他向该寺的住持——印度佛学权威戒贤法师学习《瑜伽师地论》等经论。此后,玄奘游历了北印度、中印度40多个国家。在游学期间,他曾两度想去斯里兰卡。第一次是在周游孟加拉国后,打算乘船去斯里兰卡,但因风高浪急,海路凶险,未能前往。第二次是他来到马德拉斯附近的建志城时,打算和2位高僧一起到南方渡海去斯里兰卡,但是正好有多名斯里兰卡僧人渡海过来,当时斯里兰卡国王去世,国内遭受饥荒,天下大乱,于是他与多名斯里兰卡僧人一起西行。

《大唐西域记》共12卷,记载了印度、斯里兰卡等138个国家之历史、地理、宗教、神话传说、风土人情等。其中第十一卷记载了大量斯里兰卡的资料。《大唐西域记》里记载了有关斯里兰卡的地理环境、宗教信仰、物产风俗、僧伽罗国国名的来历等宝贵资料。关于释迦牟尼佛牙,《大唐西域记》记载:"王宫侧有佛牙精舍,高数百尺。莹以珠珍,饰之奇宝。精舍上建表柱,置钵县摩罗加大宝,宝光赫奕联晖,照耀昼夜,远望烂若明星。王以佛牙日三灌洗,香水香末,或灌或焚,务极珍奇,式修供养。"

求那跋摩(367—431)

南朝宋的名僧慧观、慧聪等于元嘉元年(424)面奏文帝,邀请求那跋摩大师来中国。大师由广州登陆一路北行,经过始兴(今浙江杭州),停了1年左右。当地有座虎市山,孤峰(北高峰)突起,求那跋摩认为此山"仿佛耆阇",便将其改名为灵鹫山,他在山寺外另立禅室打坐。几年之后到达京城。文帝亲自接见,殷勤问候。礼节已毕,便问道:"弟子常欲持斋不杀,迫以身殉物,不获从志。法师既不远万里,来化此国,将何以教之?"跋摩曰:"夫道在心,不在事,法由己,非由人。且帝王与匹夫所修各异,匹夫身贱名劣,言令不威,若不克己苦躬,将何为用?帝王以四海为家,万民为子,出一嘉言,则士女咸悦;布一善政,则人神以和。刑不夭命,役无劳力,则使风雨适时,寒暖应节,百谷滋繁,桑麻郁茂。如此持斋,斋亦大矣;如此不杀,德亦众矣;宁在阙半日之餐,全一禽之命,然后方为弘济耶?"帝乃抚机叹曰:"夫俗人迷于远理,沙门滞于近教。迷远理者,谓至道虚说;滞近教者,则拘恋篇章。至如法师所言,真谓开悟明达,可与言天人之际矣。"求那跋摩翻译了《菩萨善戒经》,始得二十八品,后弟子又代出二品,成三十品,为大乘戒法和瑜伽系学说传于南方的开始。

中篇

斯里兰卡的今生

民族独立前后（1949—1982）

　　斯里兰卡在经历了400多年的殖民统治后，再没有什么比彻底驱逐外来者和重建本民族精神与信心更能得到民众支持的了。斯里兰卡民族主义在被殖民时期就没有完全消失过，当殖民势力走向衰落时，斯里兰卡民族主义就逐渐成长壮大起来。

　　文化方面，佛教复兴运动持续发展，文学方面则出现了一批弘扬民族文化的文学家。比亚达萨·西里塞纳的作品首次摆脱了殖民当局的压迫，对基督教的意识形态宣传进行了有力的反抗。他在作品中反复抨击那些在殖民统治下丧失民族自尊和人格的西化者，因此被称为"僧伽罗小说之父"。还有魏克拉玛辛诃创作了僧伽罗文学史上具有划时代意义的"乡村三部曲"。作品描写了处于社会转型时期的斯里兰卡是如何对待殖民遗产，以及怎样从文化和精神层面建立民族自觉的，主张不但要在形式上实现国家和民族独立，还要在文化上建立自己的精神家园。

　　政治方面，各种反殖民统治、维护自身权益的民间组织也相继成立，包括各种协会和商会，其中影响最大的是各类禁酒组织。20世纪初，禁酒运动席卷斯里兰卡，人们以禁酒为名成立了各级组织。斯里兰卡独立前后的本土领袖中，有很多人是从参与禁酒活动开始走上政治舞台的，其中最具代表性的人物就是斯里兰卡独立后的首位总理——森纳那亚克。1919年，在印度民族运动的启发下,斯里兰卡成立了团结各党派的锡兰国民大会。

走向民族独立的过程是在宪制改革中完成的,没有经历太多的反抗和暴力。锡兰国民大会中保守派占据主流,他们倾向于通过逐步改革宪法而不是颠覆现状的激进革命手段来争取本地族群权益。1924年新宪法颁布,森纳那亚克也在这一时期当选为立法委员。改革宪法的运动是在斯里兰卡议会中进行的,代表不同族群利益的党派开始产生了分化和斗争,这恰恰也是英国殖民者所乐见的。在这场宪制改革中,僧伽罗人和泰米尔人的民族矛盾开始萌芽,2个民族内部高种姓和低种姓之间的矛盾公开化。

1931年,英殖民政府修改颁布了《多诺莫尔宪法》,相应地也改变了选举制度,开创了斯里兰卡历史上议会普选制度的新纪元。这就意味着所有的斯里兰卡人,包括最低种姓的人群都有权参选和投票。1932年,斯里兰卡妇女享有了投票权,它是亚洲国家中的第一个。在1936年的地方议会选举中,破天荒出现了2个低种姓候选人,他们分别来自哈库鲁和帕都种姓。但在1947年之前,低种姓的成员最终都无法成功赢得地方委员会的任何席位。因为在决定选区划分时,除了民族因素以外,种姓也在考虑的范围之内,也就是说,政策执行人既要保证某一选区内人数较多的种姓能够得到相应的席位,也要保证高种姓在最终的席位总数上依然保持主导地位。斯里兰卡泰米尔种姓内部高、低种姓之间的矛盾与斗争远比僧伽罗种姓内部的要严重,独立前后,这种矛盾日益激化,开始成为政治运作的重点。

由于锡兰国民大会中保守派的右倾做法(偏西方)受到人民较多的诟病,所以带有明显左倾激进思想的政治组织开始涌现。1935 年成立的斯里兰卡平等社会党,是斯里兰卡第一个以马克思主义为指导,并明确提出"反帝"口号的政党。1937 年,低地僧伽罗政治家班达拉奈克成立了僧伽罗大会党,提出以语言和宗教为核心推动民族运动,争取使僧伽罗语和佛教成为斯里兰卡的文化内核。该组织在国家独立后,改名为"斯里兰卡自由党"。

真正带领斯里兰卡完成与英国人权力交接的是锡兰国民大会中的中间派、高地僧伽罗人森纳那亚克。取得殖民政府信任的森纳那亚克,于 1943 年主持了斯里兰卡新宪法草案的制定,新宪法在 1945 年宣布斯里兰卡成为英联邦的一个自治领。1946 年,森纳那亚克组建了融合斯里兰卡各党派力量的统一国民党(UNP),目的是抹平各政治党派的分歧,完成最后阶段权力的顺利交接。1948 年,斯里兰卡以英联邦自治领的身份正式宣布独立,但依然保留殖民时期的国家名称"锡兰"(一直到 1972 年才正式更名为斯里兰卡共和国,1978 年更名为斯里兰卡民主社会主义共和国)。

以森纳那亚克为代表的统一国民党有一大批本土"精英",他们接受了完整的英语教育,基本都有英国留学经历,对英国文化有归属感,在英国政府眼里是最理想的权力过渡人。统一国民党在斯里兰卡执政超过 30 年,带有明显的家族政治色彩。从 1948 年到 1956 年,森纳那亚克本人、儿子、外甥分别担任斯里兰卡总理。该党派的另一位重要代表贾亚瓦德纳在 1977 年上台执政,制定了新宪法,将斯里兰卡从类似英国的总理制转为类似法国的总统制,总统成为国家最高领导人。他在 1978 年 2 月当选为总统,连续执政到 1988 年。

1951 年,班达拉奈克脱离了统一国民党,组建了自由党,奉行略偏左的政治路线。他提出了"僧伽罗至上"的政治口号,在

1956 年大选中成为斯里兰卡第四任总理,但在 1959 年遭暗杀而亡。1960 年,班达拉奈克夫人代表自由党参加大选并获得胜利,成为世界上第一位女总理,在之后的几十年里,她多次代表自由党参选并担任斯里兰卡总理长达 18 年。在她之后,其女儿库马拉通加夫人成为自由党的领导人,在 1994 年击败统一国民党的候选人后,连续执政 11 年。

从 1948 年开始,斯里兰卡政坛由统一国民党及其联盟、自由党及其联盟分别执政,其他任何党派都不足以形成挑战性的政治势力,包括几个泰米尔人的政治组织。1931 年《多诺莫尔宪法》的颁布,赋予了低种姓,尤其是不可接触者种姓合法的投票权,从而大幅增强了低种姓的政治影响力,促成了"全斯里兰卡泰米尔底层种姓大集会";但在当时,代表斯里兰卡泰米尔族群的主要政党,主要是由高种姓维拉拉构成的全锡兰泰米尔大会党(ACTC),由于该党的成员以公务人员和自由职业者为主,因此更关注泰米尔人受教育和在城市中找到白领工作的问题。1949 年,一部分人从该党中分裂出来,建立了泰米尔联邦党。联邦党吸收成员的范围更广,在民族问题上立场更为强硬,20 世纪 50 年代初就提出了民族自治的要求。

1951 年,泰米尔联邦党第一届全国代表大会通过的决议宣布,党的使命是"在锡兰联邦的范围内,以语言为基础,建立一个自治的泰米尔邦,为锡兰讲泰米尔语的人民争取自由"。联邦党虽在北方和东方占据优势,但无法在斯里兰卡议会中得到多数席位,根本无法通过议会斗争实现目的。因此,联邦党发动群众进行各种抗议示威活动,如罢工、罢市、罢课、静坐、绝食等,向政府施加压力。有时它还利用轮流执政的统一国民党和自由党之间的矛盾,支持一个,反对另一个,以求在政府中获取相关利益。但经过 20 多年的斗争,不仅建立泰米尔自治邦的要求始终未被政府接受,而且泰米尔人的其他权益也日益受到损害,泰米尔人在斯里兰卡政治、经济、军事、教育等领域的地位不断下降,这使泰米尔激进右派组织崛起。

20 世纪初,僧泰两族的领袖们为修改宪法和实现独立曾捐弃前嫌,共同进行过斗争,并在 1919 年 12 月共同创建了锡兰国大党,党主席由泰米尔人彭南·巴拉姆·阿鲁纳加兰担任。随后僧泰两族上层人士在立法会议席位分配问题上出现分歧:泰米尔人要求采用民族代表制,僧伽罗人提出采用区域代表制。1921 年产生的立法委员会中泰米尔人只占 3 席,于是泰米尔人愤而退出了锡兰国大党。1937 年,僧伽罗人成立僧伽罗大会党;1944 年,泰米尔人成立泰米尔大会党。从此,斯里兰卡政治出现了民族划界而治的特点。

1944 年底,泰米尔人提出对等代表制建议,也称“五十对五十建议”,即在立法机构中僧伽罗人的席位占 50%,其余由泰米尔人及其他少数民族共同享有,但该建议遭到僧伽罗人的拒绝。第二次世界大战后,民族独立运动风起云涌,大英帝国逐渐衰弱,1947 年从殖民地撤退,1948 年斯里兰卡宣布独立,英殖民者根本不考虑泰米尔人的利益,将国家政权完全交给了僧伽罗人,这就为后来的民族矛盾爆发埋下了祸根。但总的来说,斯里兰卡自殖民时代开始至独立前,僧、泰两族之间的矛盾还只限于两族上层人物的权力之争,广大群众并没有卷入斗争旋涡。

1948 年,英国殖民者退出斯里兰卡政治舞台,为斯里兰卡实现民族融合创造了条件。同时,独立后的斯里兰卡政府建立了一种多民族制衡的民族政治机制,实施民族平等政策,确保了多民族国家的完整性。实践证明,这项政策是成功的。因此,斯里兰卡独立初期,僧、泰两族关系处于相对平稳状态。独立初期,尽管僧伽罗人掌握国家大权,但一些泰米尔人领袖还是能采取合作态度,积极参加内阁工作,这就使斯里兰卡出现了历史上少有的繁荣、和平与稳定的局面。

1956—1959年任总理的班达拉奈克不仅被僧伽罗人选为国家领袖,而且被包括泰米尔在内的其他民族接受。在遭暗杀前一年(1958),班达拉奈克总理阐述了政府的民族平等原则:国内的极端主义运动,无论参与者是僧伽罗人还是泰米尔人,只能代表小集团的利益……绝大多数人意识到自己的责任,希望相互尊重,自己也得到尊重。只有这样,我们才能一道前进,才能赢得我们在获得自由的时候就渴望得到的那种共同进步。自由属于僧伽罗人,但同样属于泰米尔人、穆斯林、马来人和伯格人。但这种民族平等的原则和理念,很快就因为僧伽罗极端民族利己主义势力的壮大和政治家的权力野心而被打破。

独立后的斯里兰卡实行普选制,政府由议会多数派组成。由于僧伽罗人在全国人口中占有绝对优势,因而决定了代表僧伽罗人利益的政党能够在国家政治生活中赢得绝大多数的选票。自斯里兰卡独立以来,除第一届政府中有泰米尔人参与外,泰米尔人政党从未成为国家执政力量,基本上是由僧伽罗人在掌管国家政权。选票政治下,越来越多的政治家开始煽动僧伽罗民族主义情绪,民族利己主义膨胀,僧伽罗人掌控的政府开始在语言、教育、宗教等各方面推行民族歧视和不平等政策,使僧、泰两族之间的矛盾越来越激化,并逐步由政治斗争、种族冲突上升到暴力冲突。

(1)语言和宗教方面:提高僧伽罗语的地位。1956年,政府通过了《唯僧伽罗语法》,规定僧伽罗语为唯一官方语言;1972年,斯里兰卡政府宣布制定《斯里兰卡共和国宪法》,新宪法明确给予佛教最优先的地位,并把佛教确定为斯里兰卡国教。这一举措极大地伤害了信仰其他宗教的人民,特别是泰米尔人。

(2)教育制度方面:政府采取为僧伽罗语考生和泰米尔语考生规定不同录取分数线的方法,降低理工类泰米尔学生的入学率。1974年以后,又在标准化考试的基础上实施按地区名额分配法,极大地限制了泰米尔人的入学人数,导致泰米尔人的教育优势丧失殆尽,许多分数较高的泰米尔学生被剥夺了入学的机会。减少泰米尔人接受高等教育的机会,意味着限制了泰米尔人的就业门路,这必然引起泰米尔人的不满,以致许多泰米尔失业者走上了反抗道路。这也是20世纪70年代以泰米尔青年为主的武装组织不断出现的重要原因,泰米尔伊拉姆猛虎解放组织(LTTE,以下简称"猛虎组织")正是成立于这个时期。

(3)经济政策方面:1977年,斯里兰卡政府开始实行对外开放的经济政策,进口自由化,包括土豆、辣椒、洋葱等农副产品也根据市场需要从国外进口。这一政策使传统种植这些作物的北方地区贾夫纳、万尼等地农民蒙受了很大的经济损失,加上就业机会逐年减少,泰米尔人不满情绪有增无减。这就从根本上激起了20世纪70年代末泰米尔极端主义运动的高涨。

(4)移民问题:独立后的30年间,政府共向北方省和东方省迁徙了16.5万僧伽罗人,从而使泰米尔聚集区的僧伽罗人口从1953年的4.65万人,增加到1981年的24.3万人。移民政策有效改变了两省的民族结构,使泰米尔人日益丧失对该地区的控制权。源源不断的移民使越来越多普通的泰米尔人感到不仅丧失了教育和就业机会,连自己的家园也朝不保夕了。这就给泰米尔极端组织提供了坚实的群众基础。

在斯里兰卡独立后的现代政治中,种姓也进入了民主政治下的政党和选举,使种姓集团在原本的身份和等级集团的基础上,发展为一种利益集团,成为斯里兰卡现代政治体制的基础元素,并在很大程度上左右着斯里兰卡政治的走向,也成为斯里兰卡很多政治社会现象产生的原因。斯里兰卡的主要政党均由高种姓掌控,这就使得实际操作中很难让低种姓的候选人获得提名,高种姓始终占有优势。因此,种姓和政治是紧密联系在一起的。

在斯里兰卡政坛中掀起腥风血雨的人民解放阵线(JVP)和"猛虎组织"的创立,就是种姓矛盾长期剧烈冲突的结果。这2个都带有极端主义倾向、导致社会动乱、策动大量恐怖活动的组织,大都由低种姓的人员构成。人民解放阵线首脑罗汉·维杰维拉和"猛虎组织"创始人韦卢皮莱·普拉巴卡兰均来自渔民种姓,但他们的组织成员来自多个低种姓。"猛虎组织"的政治首领达米尔赛尔万甚至来自不可接触种姓安巴塔尔。在这2个组织制造的血案中,受害者多为僧伽罗的高维和泰米尔的维拉拉等高种姓。他们所主张的平等和独立,其实暗含着对种姓歧视与种姓发展不平衡的反抗。20世纪90年代以来,人民解放阵线调整了政策,选择议会斗争道路。

对于斯里兰卡等南亚国家来说,虽然到了当代均已建立起民主共和制国家,但由于几乎没有发生过无产阶级革命,家族与政治没有能够实现剥离,政治主导地位依然始终掌握在拥有强大经济和人脉资源的高种姓大家族手中。高种姓内婚制则更加强化了大家族之间的力量。斯里兰卡实行政党制和议会制,但对于斯里兰卡来说,种姓因素一直干扰和左右着斯里兰卡社会阶级的形成,所以斯里兰卡的政治始终无法摆脱家族和种姓的阴影。沿海低地、高地的僧伽罗人中都产生了世袭的政治大家族。

沿海低地的僧伽罗人:从18世纪开始,由德塞兰、奥贝赛克勒、班达拉奈克等 8 个低地地区的贵族家庭组成的家族,是英国殖民统治时期最显赫、最富有的家族,均来自高种姓。最著名的是索乐曼达亚斯·班达拉奈克,他于 1907 年被英国授予骑士头衔,1925 年被授予圣迈克尔和圣乔治高级勋爵士头衔。他也正是日后斯里兰卡自由党的创始人班达拉奈克的父亲。班达拉奈克家族在斯里兰卡独立后执政 30 多年,出过 3 位总理和 1 位总统。其中班达拉奈克 1956—1959 年任总理;班达拉奈克夫人在 1960—1965 年、1970—1977 年、1994—2000 年任总理,前后共执政 18 年;女儿库马拉通加于 1994—2005 年任总统,执政 11 年。

与此同时,沿海地区的非高维种姓随着经济实力的提升,形成了一个由多种姓组成的富人阶层,其中以卡拉瓦种姓为主。这个阶层也有不同的种姓大家族涌现出来,著名的有卡拉瓦种姓四大家族索依萨、比利斯、梅拉、达亚斯。前 3 个家族均信仰基督教,只有最后的达亚斯家族是佛教徒家族。不过这并没有阻碍他们之间的联姻和交往,实际上,正是由于卡拉瓦种姓的这种团结,他们在多种姓的富人阶层中异军突起,最终成为能与高种姓抗衡的低种姓代表。

高地的僧伽罗人:由于山区地带的生产以农业耕种为主,在殖民时代前这里是国家的政权中心,大量高维生活在这一区域,因此不论是社会地位还是经济实力都占有绝对优势。20 世纪初期,高地地区也兴起了一批日后对斯里兰卡政坛产生深远影响的高维家族,包括阿迪格勒、科特拉瓦拉、贾亚瓦德纳、森纳那亚克、维杰瓦德纳等通过联姻而使关系异常紧密的大家族。斯里兰卡独立后的第一任总理、被称为"国父"的森纳那亚克、1953—1956 年在位的总理约翰·科特拉瓦拉、1978 年上任的总统贾亚瓦德纳均出自这些高地家族。

出于历史原因,低地的高维家族与高地的高维家族并不团结。因为高地的高维家族始终以最正统的僧伽罗人自称,而低地的高维家族认为自己在资历和实力上都要胜过高地的高维家族,所以始终认为高地的家族要低于自己。这就促成了斯里兰卡当代两大政党的诞生。高地的高维家族的森纳那亚克于1946年创立统一国民党(曾于1948—1956年、1965—1970年、1977—1994年、2001—2004年先后独立或与其他政党联合执政),沿海低地的高维家族的班达拉奈克于1951年创建斯里兰卡自由党(曾于1956—1960年、1960—1964年、1970—1977年、1994—2001年、2004—2018年执政)。

痛苦的内战纷争（1983—2009）①

斯里兰卡民族问题的演化大致以 1983 年为分水岭。1983年以前，民族问题主要表现为斯里兰卡泰米尔人通过和平请愿和议会斗争的方式，向政府争取本民族的相关权益。这一阶段印度政府及印度泰米尔人对此问题的态度均比较温和，并未进行太多的干涉。1983 年以后，民族问题转化为斯里兰卡泰米尔人成立武装组织，用暴力的方式与政府抗争，追求的目标也从原来的联邦制转为要建立独立的泰米尔国家。在这一阶段，印度政府及印度泰米尔人开始高度关注斯里兰卡的民族问题，通过各种途径卷入其中，直至直接派兵进驻斯里兰卡泰米尔人聚居区。

非暴力运动阶段（1983 年前）

斯里兰卡的语言问题是内战的主要原因。尽管语言不是冲突的直接原因，但会成为民族冲突的导火索。英国殖民时期，英语作为官方工作语言以及中学和大学的教学语言，其地位高于 2 个当地的语言——僧伽罗语和泰米尔语。英国殖民者的语言政策赋予了不同语言使用者不同的权势，使用英语成为上层精英阶层的标志之一。1948 年斯里兰卡独立后，英语依

---

① 主要参考刘艺：《跨境民族问题与国际关系》，暨南大学博士学位论文，2006 年。乔中雯：《泰米尔问题的成因、发展与出路》，国际关系学院硕士学位论文，2008 年。

然保持了官方语言的地位。一直到 1957 年,新当选的僧伽罗族总理班达拉奈克颁布了《唯僧伽罗语法》,确定僧伽罗语为官方语言。1958 年,班达拉奈克颁布了《泰米尔语言法第 28 号》,规定泰米尔语是地区性语言。这些法案使泰米尔人在大学招生和政府岗位招聘中受到了很大的影响。

1970 年,以班达拉奈克夫人为首的自由党和左翼联盟上台执政,1972 年新政府宣布制定《斯里兰卡共和国宪法》,以取代由殖民政府制定的自 1947 年开始实施的《索尔伯里宪法》。新宪法确认佛教为国教,并且重申僧伽罗语在公共生活中的重要地位。同时,在高等教育和政府雇用机会上引入"标准化"措施,削弱了泰米尔人获得大学教育和公职的机会。虽然政府在 1978 年宪法修正案中规定,"泰米尔语也是官方语言,英语是交际语言",但引起的负面作用已经很明显了。

1972 年,泰米尔联邦党、泰米尔大会党和锡兰工人大会三方联合组成了泰米尔联合阵线。1974 年 1 月,第四届世界泰米尔研究大会在斯里兰卡贾夫纳举行,警察进行了干预和破坏,造成 9 人死亡的悲惨事件。从那时起,泰米尔联合阵线的立场发生变化,开始提出民族独立的主张。在泰米尔政党提出实行联邦制的要求被拒绝后,1976 年,泰米尔联合阵线把党的名称从"泰米尔联合阵线"改为"泰米尔联合解放阵线"。1977 年大选时,泰米尔联合解放阵线在它的纲领中塞进了建立独立国的主张,赢得了北方省和东方省 22 个议席中的 17 席,破天荒地成为议会中的第一大反对党。于是它宣称,泰米尔人民已经投票支持建立"泰米尔伊拉姆"。其实,就大多数泰米尔人而言,他们并不赞成国家分裂,他们投票支持泰米尔联合解放阵线的候选人,反映了他们对政府的不满和不信任。

随着形势的发展,在采用何种手段才能达到建立"泰米尔伊拉姆"的目标这一问题上,泰米尔各政党和组织又产生了分歧。泰米尔联合解放阵线总书记阿米塔林加姆、主席西瓦西坦帕拉姆等主要领导人反复强调采用非暴力手段,坚持与政府方面进行谈判。但泰米尔联合解放阵线下属的青年阵线对该党领导的做法越来越不满意,他们主张用武装斗争来达到目的。激进的青年人已不相信"甘地主义",他们想模仿爱尔兰共和军,发动武装斗争。此后,北方地区先后出现了"泰米尔新虎组织"("猛虎组织"就是由它发展而来的)和"鹰"等恐怖组织,宣布向军队和警察开战。他们大多是受过高等教育的失业青年,明确提出用武装暴力和恐怖手段实现在斯里兰卡东北两省成立泰米尔独立国家的目标。虽然这时泰米尔各组织之间在争取民族权益斗争的方式上产生了争议,但并未出现大规模暴力事件,所以总的来说,这一阶段是以议会斗争和非暴力方式为主的。

内战阶段（1983 年后）

这一阶段又以 1987 年《关于在斯里兰卡建立和平与正常状态的协议》(简称《印斯和平协议》)为界,分为 2 个阶段。1987 年 7 月 29 日,《印斯和平协议》签订前,斗争和谈判是在斯里兰卡政府与各泰米尔武装组织之间进行的。《印斯和平协议》签订后,绝大多数泰米尔武装组织遵照协议的规定,放弃了独立主张,采取与政府合作的立场,同时将组织改为政党;而"猛虎组织"却拒绝放下武器,继续与政府对抗,并通过排斥异己、大搞暗杀等方式,成为泰米尔唯一的武装组织。因此,此后的谈判和斗争都是在斯里兰卡政府和"猛虎组织"之间进行的。

"猛虎组织"在 1983 年 7 月 23 日伏击了在贾夫纳巡逻的僧伽罗军人,打死了 13 名僧伽罗士兵。他们的尸体被运至首都科伦坡,政府追认他们为英雄,并举行国葬。由于死者面目并非完好,在举行国葬时政府不让死者家人和亲戚朋友看死者遗容,同时违背传统的殡葬习俗,不进行个体埋葬,而是进行集体埋葬,遭到在场所有僧伽罗人的强烈反对。于是人们同维持治安的警察争吵起来,一些人动手挖坟坑,不让集体掩埋。碰巧的是,在场负责维持葬礼秩序的是一名泰米尔警官,他朝天鸣三枪示警。由于他是泰米尔人,人们的愤怒更被激发。人们围攻追打警察,一些警察被打成重伤。接着,愤怒的人们放火烧毁了附近几家泰米尔人的住房和商店。不久,暴力行动扩大至全市每条街道,很快又蔓延到郊区及其他城镇的泰米尔人居住区。随后全国各地爆发了反对泰米尔人的大规模报复行动。

据不完全统计,在短短的 10 余天中,约 18000 幢房屋被烧毁,约 5000 家商店和 100 多家工厂被烧或被抢劫一空,350 人死于非命,10 万人无家可归。有报道认为,这是一次有组织的报复行动,因为打砸抢的目标都是泰米尔人。如果说生命财产的损失尚可以统计,那么在两族人民特别是泰米尔人心灵上留下的创伤是无法用数字来统计的,也是难以愈合的。时任斯里兰卡总统贾亚瓦德纳指出,这次骚乱是"由僧伽罗人和泰米尔人多年结下的敌意和猜疑进一步发展而造成的"。反过来说,这场骚乱又进一步加深了这种敌意和猜疑。散居在南部的泰米尔人纷纷逃往北方泰米尔人聚居的地方。

科伦坡事件使许多泰米尔人对解决民族问题的前景彻底失去了信心。本来,泰米尔极端分子提出的成立泰米尔独立国家的口号并没有多少群众基础,因为绝大多数泰米尔人虽然对斯里兰卡独立后在语言、宗教、教育、就业等方面受到的歧视很不满意,但他们并不赞成分裂国家,长期寄希望于用政治斗争方式争取自己的权利。

但是这场血与火的教训使很多泰米尔人改变了态度。他们转而支持泰米尔独立建国的主张，而且同情和支持泰米尔武装组织的群众也越来越多。泰米尔武装组织在 20 世纪 70 年代初只有几个，人数也只有几十人，后来发展到几十个，人数较多的达数千人。他们有严密的组织，有纲领、口号，有自己的军事系统。他们从打游击战到打阻击战，正面与政府军对阵。虽然他们内部有分歧，但都反对政府。骚乱加武装斗争，最终酿出了一杯旷日持久的内战苦酒。

骚乱发生后，当时的贾亚瓦德纳总统召开由全国各政党以及宗教和民族团体参加的圆桌会议，共同商讨解决民族冲突的方案；由于分歧过大，再加上自由党抵制会议，一些佛教僧团又激烈反对，会议不欢而散，没有取得任何突破。除了召开各政党团体圆桌会议外，政府还单独和泰米尔人的主要政党泰米尔联合解放阵线的领导人举行过多次谈判，但也没有达成任何协议。由于恐怖活动和暴力事件不断发生，斯里兰卡政府不得不在谈判的同时加强武装镇压，双管齐下，或交替使用。政府取缔泰米尔联合解放阵线组织的合法身份，在北方海域划定警戒区，以切断印度泰米尔人对斯里兰卡泰米尔武装分子的支持。政府还不断出动军警，在北方地区围剿和逮捕泰米尔武装分子，可泰米尔武装组织的队伍反而越打越大。

为什么泰米尔武装分子越围剿越多

这还得从殖民时代讲起。英国殖民者采用"以夷制夷"政策，所以殖民政府军队基本上由泰米尔等少数民族组成，占人口约 74％的僧伽罗人在军警部队中几乎看不到。这种不愉快的记忆使得掌权后的僧伽罗人政府走向另一个极端，在军队中也开始推行大僧伽罗主义，招募新兵时只招僧伽罗人，这样使僧伽罗人在军队中的占比迅速提高。到 20 世纪 80 年代初，僧伽罗人在军队里所占的比例已经高达 90％，1985 年军队里登记在册的军人几乎都是僧伽罗人。这种做法使国家的军队实际上变成了民族的军队，因此军队在平息骚乱过程中不可避免地表现出了明显的民族主义倾向。

1983 年议会通过的《反恐怖活动法》规定对死者不用验尸就可以处理尸体，这导致了军警胡乱杀人。在泰米尔地区，军警时常遭到泰米尔武装分子的袭击，但又找不到这些武装分子，因此就向老百姓报复，频繁发生随意抓人杀人、烧毁房屋事件，引起越来越多泰米尔人的强烈不满。在这种情况下，许多泰米尔年轻人被"逼上梁山"，参加了反政府武装组织。

在 1983 年大骚乱爆发前，南印度泰米尔人就已经对斯里兰卡同胞受到的不公正待遇深表同情；大骚乱之后，南印度泰米尔人纷纷捐钱捐物，支持斯里兰卡泰米尔人的反政府斗争。在南印度泰米尔纳德邦就有斯里兰卡泰米尔武装分子的训练基地。这些武装分子及其领导人为了躲避军警的搜捕经常逃往印度，还从印度得到源源不断的武器弹药以及其他物品支持。

斯里兰卡政府看到武力解决不了泰米尔民族问题，便只好再回到谈判桌旁。在印度政府的斡旋下，斯里兰卡政府与泰米尔武装组织于 1985 年 6 月中旬达成了为期 3 个月的停火协议。双方于 1985 年 7 月上旬和 8 月中旬在不丹首都廷布举行了 2 轮谈判，但双方各执一词，互不让步，谈判又以失败告终。

谈判破裂后，斯里兰卡加大了对泰米尔武装组织的围剿力度，于 1987 年上半年发动了 3 次大规模的军事进攻，清除了北部沿海地区的泰米尔主要武装基地，几乎要消灭包括"猛虎组织"在内的所有泰米尔武装组织。在此情况下，印度开始出面干涉，反对斯里兰卡政府继续采取军事行动，同时宣布将向斯里兰卡贾夫纳地区的泰米尔人提供人道主义援助,并于 1987 年 6 月 3 日强行向当地的泰米尔人空投了 25 吨物资。

在印度的压力下,1987 年 7 月 29 日斯里兰卡与印度达成了《印斯和平协议》。协议签订后,印度于次日派遣 5 万多人的维和部队进驻斯里兰卡,但印度的维和行动以失败告终。虽然印度维和部队的进驻,压制了"猛虎组织"的活动和势力范围,但斯里兰卡人民特别是僧伽罗人并不买账,认为印度的进驻干涉了斯里兰卡的内政,侵犯了斯里兰卡的主权,因此强烈要求印度撤离斯里兰卡。1990 年 3 月 24 日,印度在死伤 1000 余名士兵后,从斯里兰卡贾夫纳地区撤离了全部军队。

印度为什么要介入斯里兰卡民族问题

首先,印度对斯里兰卡的政策是由印度的地区政策决定的。印度一直追求在南亚地区的领导权,将对地区领导权的追逐与国家安全联系在一起,认为在与邻邦的关系中,最重要的就是其安全,并宣称"国家安全没有妥协的余地"。印度为了避免斯里兰卡地区的不稳定影响印度的国家安全,自然要出手干预。其次,斯里兰卡地理位置独特,在印度的印度洋战略中斯里兰卡占有极其重要的战略地位,它的稳定与否直接威胁到印度的地缘政治利益。因此印度出于自身利益诉求十分关注斯里兰卡政局。再加上斯里兰卡泰米尔族与南印度泰米尔族同宗同源,一脉相承,南印度的泰米尔纳德邦自然会对斯里兰卡北部的泰米尔人施以援手。

"猛虎组织"

印度和美国分别在 1991 年和 1997 年将"猛虎组织"定性为恐怖组织。2001 年 3 月,英国也正式宣布"猛虎组织"为恐怖组织。"猛虎组织"从建立起就从没停止过恐怖活动。恐怖分子借此制造社会恐慌,引起国际国内舆论关注,对政府施加政治压力,甚至寻求国际某些势力的支持或干预,希望由此抬高自身的地位,获得谈判筹码,迫使主权国家政府做出让步。

"猛虎组织"不仅用恐怖手段对付僧伽罗人,还运用恐怖手段在泰米尔人内部政治势力中消除异己。"猛虎组织"为了确立组织在泰米尔人中的领导地位,不惜全力铲除泰米尔温和派。这样一来,"猛虎组织"便成为斯里兰卡泰米尔人中的唯一政治势力。其实"猛虎组织"并不代表泰米尔人的真正愿望,只代表少数泰米尔极端分子和民族分裂主义者为了实现建立独立国家而成为"国家"领导人的一种政治势力。

1990年3月24日,印度从斯里兰卡贾夫纳地区撤离了全部军队。1991年5月21日,拉吉夫·甘地被"猛虎组织"暗杀后,印度政府彻底与"猛虎组织"划清了界限,宣布"猛虎组织"为非法组织,禁止其在南印度活动,南印度泰米尔各邦也不再明目张胆地支持"猛虎组织"。印度军队撤离后,"猛虎组织"趁机纠集力量实施反攻,迅速控制了贾夫纳北部广大地区,并于1990年6月建立起"泰米尔政权",在那里建立起多个乡村政权,成立法庭,处理当地案件,实行征税、发行邮票、管制车辆等行政措施。

1991年和1993年斯里兰卡政府都发动了大规模清剿"猛虎组织"的军事行动,但都没有取得成功。1994年库马拉通加领导的人民联盟党上台执政后,采用和平攻势,与"猛虎组织"进行了4轮和谈,其间双方还达成过停火协议,最后"猛虎组织"指责政府缺乏诚意而单方面撕毁协议。人民联盟政府不得不重新推行"以战逼和"的传统策略,1995年发动代号为"阳光"的军事行动,收复了贾夫纳城以及贾夫纳大部分地区。但因为"猛虎组织"采用游击战和在全国范围内发动恐怖活动,所以政府军占据贾夫纳地区的意义不大,无法限制其自由活动空间。

1999年11月,"猛虎组织"重新从政府军手上夺取了除贾夫纳城以外的贾夫纳半岛的绝大部分地方。2000年4月,"猛虎组织"攻克了通往贾夫纳城的战略要道——大象通道,使驻守贾夫纳城的4万多名士兵处于危急之中。斯里兰卡政府被迫宣布全国进入战争状态,并紧急从以色列、巴基斯坦等国购买武器,补充军事力量,从而和"猛虎组织"形成僵持之势,斯里兰卡政府也因此陷入政治危机之中。多年的内战使斯里兰卡政府和"猛虎组织"感到在战场上谁也赢不了谁,也解决不了问题。随着"猛虎组织"的恐怖活动日益加剧,其面临的国际压力也不断加大,双方开始逐步寻求和解。

2001年12月,斯里兰卡举行第十一届议会选举,在野党统一国民党击败由总统领导的执政党人民联盟。新政府成立后,"猛虎组织"立即表示愿意和解,并单方面宣布停火2个月。新政府一上台,便把解决民族冲突问题放在了第一位,因此做出积极回应。

从2002年9月至2003年4月共举行了6次谈判,在挪威的斡旋下,统一国民党带领下的斯里兰卡政府与"猛虎组织"达成永久性停火协议,双方同意建立一个联邦制国家,并在泰米尔地区实行自治;第七次谈判时,"猛虎组织"向挪威代表递交了关于在北部地区建立临时自治行政机构的具体建议,要求享有税收权、司法权以及主管泰米尔地区的贸易和就投资问题与外国进行谈判的权力。总理带领下的政府与总统发生了分歧。总理回国后与总统进行了多次会谈,试图解决两人之间的分歧。由于双方都不让步,会谈最终失败。

2004年2月7日,总统宣布提前举行大选。事实上,无论是总统还是总理,都想推动和平,这是人们所希望的,也符合国家利益。双方分歧的关键不是要不要和平,而是由谁来主导以及用什么方式获得和平。2004年4月初,斯里兰卡举行了第十二届议会选举。库马拉通加总统领导的统一人民自由联盟击败了由总理维克拉马辛哈领导的统一国民党,这样总统和总理就不再分属不同的政党。新政府上台后,主导了同"猛虎组织"的和解,但由于双方都不接受对方提出的条件,和平进程毫无进展。值得庆幸的是,全国仍保持着停战状态,没有发生违反停火协议的重大事件。2005年6月,斯里兰卡总统库马拉通加访问印度,印度外交部部长辛格接着回访斯里兰卡,从而使两国关系进一步得到加强,经济合作更加密切,两国加强防务和安全合作,共同打击"猛虎组织"。

2005年11月,对"猛虎组织"坚持强硬立场的政治人物马欣达·拉贾帕克萨当选总统。2006年春夏之际开始,"猛虎组织"与政府军之间的冲突加剧。2008年1月4日,斯里兰卡政府正式退出2002年与"猛虎组织"签署的停火协议,这标志着双方正式恢复军事冲突状态。僧、泰两族的武装冲突已持续20多年,双方多次经历了"冲突—谈判—冲突—谈判"的循环,但一直没有彻底解决问题。政府此举的目的是先从军事上击败或严重削弱"猛虎组织",再提出政治解决方案,迫使其接受。

2009年1月2日,政府军占领了"猛虎组织"事实上的"首都"基里诺奇,直升机和喷气式飞机向残留叛军的城镇发动全面攻击;2009年1月9日,政府军掌管了大象通道,这是20多年来政府军第一次在连接斯里兰卡南北的A-9公路上肃清了猛虎军;同年1月25日,"猛虎组织"掌握的最后一个重镇(东北部港口穆莱蒂武)沦陷;同年5月17日,"猛虎组织"承认与政府军长达26年的战争以失败告终,宣布放下武器,结束与政府军的战争;同年5月18日,"猛虎组织"最高首领普拉巴卡兰及其 12 岁的小儿子被击毙(长子早些时候在与政府军交火中被打死),由此结束了这场长达 26 年、造成超过 7 万多人死亡的分裂国家的痛苦内战。

2010 年 7 月 23 日,科伦坡,斯里兰卡总统马欣达·拉贾帕克萨与夫人希兰蒂·拉贾帕克萨身穿泰米尔民族服装,与泰米尔人共度泰米尔传统节日——阿迪维尔节,这是内战后泰米尔人第一次在首都科伦坡庆祝阿迪维尔节/刘咏秋摄

政经概况　文教特色

政治

斯里兰卡国旗呈长方形,长与宽之比约为 2:1。咖啡色代表僧伽罗族,橙、绿色代表泰米尔族、摩尔族等少数民族;黄色边框象征人民追求光明和幸福。菩提树叶表示对佛教的信仰,而其形状又和该国国土轮廓相似;狮子图案标志着该国的古称"狮子国",也象征刚强和勇敢。斯里兰卡国徽图案中圆面的中心为 1 头狮子,其形象寓意同国旗。狮子周围环绕着 16 朵荷花瓣,象征圣洁、吉祥;花瓣又被 2 穗稻谷环绕,象征着丰收。图案下端是 1 只花碗,碗里装着"庙花";花碗两侧分别为太阳和月亮图案。国徽顶端为象征宗教信仰的佛教法轮;永远转动的法轮,还象征国家如日月一样永存。

1978 年,斯里兰卡宪法废除沿袭多年的英国式议会制,效仿法国和美国,改行总统制。现行宪法于 1978 年 9 月 7 日生效,为斯里兰卡历史上第四部宪法。1982 年后曾多次修改宪法,将议会任期由 6 年改为任满时可通过公民投票决定是否延长。宪法规定,斯里兰卡所有官员,包括议员在内,必须宣誓反对分裂主义,维护国家统一。2010 年 9 月,斯里兰卡议会通过了宪法第 18 条修正案,取消对斯里兰卡总统任期的限制。总统由选民直接选举产生,集国家元首、政府首脑、武装部队总司令等权力于一身,而且不对议会负责;总理一职由总统任命,通常不具有实权。

2022 年 4 月以来,斯里兰卡内阁重组。主要成员有:总统兼国防部部长、财政部部长拉尼尔·维克拉马辛哈,总理兼公共行政、内政、省议会和地方政府部部长迪内希·古纳瓦德纳,外交部部长阿里·萨布里,港口、航运和航空部部长尼马尔·斯里帕拉,教育部部长普瑞马加彦塔,运输、公路和大众传媒部部长班杜拉·古纳瓦德纳等。

拉尼尔·维克拉马辛哈,总统,出生于 1949 年 3 月 24 日,其所在的维杰瓦德纳家族是斯里兰卡最显赫的政治世家之一。毕业于锡兰大学(现科伦坡大学)法学专业。1977 年首次当选议员,被任命为外交部部长,1978 年出任青年事务、就业和教育部部长,1989 年出任工业部部长。之后五度出任总理。2022年 7 月 20 日,当选为总统。

迪内希·古纳瓦德纳,总理,出生于 1949 年 3 月 2 日,佛教徒。毕业于荷兰奈耶诺德大学,并获得美国俄勒冈大学工商管理及国际物流学士学位。1973 年加入其父创立的左翼政党人民联合阵线党担任中央委员会委员,1974 年当选总书记,自1983 年起一直担任党领袖。曾任交通部部长、高等教育部副部长、城市发展和供水部部长、城市发展和圣地发展部部长、大都市和西部省发展部部长、外交部部长、教育部部长等。2022 年7 月 22 日,被任命为总理。

阿里·萨布里,外交部部长,出生于 1970 年 5 月 1 日,信仰伊斯兰教。毕业于斯里兰卡法学院,系专业律师。2019 年、2020 年,先后替戈塔巴雅·拉贾帕克萨辩护其美国公民身份影响参选总统案、涉嫌贪腐案而声名大噪。2020 年进入主流政坛,首次当选议员。先后担任司法部部长、财政部部长。2022年 7 月,被任命为外交部部长。

戈塔巴雅·拉贾帕克萨，前总统，出生于 1949 年 6 月 20日，僧伽罗族，佛教徒。曾就读于阿南达学院和科伦坡大学，先后获学士、硕士和博士学位。1971 年入伍，1992 年退伍。2005—2015 年担任斯里兰卡国防部常务秘书，指挥军队赢得斯里兰卡内战。2019 年 11 月赢得总统选举并就任斯里兰卡第七位总统。

斯里兰卡武装力量由正规军和警察组成。正规军分陆、海、空 3 个军种。陆军、空军建于 1949 年，海军建于 1950 年。总统为武装部队总司令。最高国防决策机构为国家安全委员会，成员有国防部常务秘书、国防参谋长、陆海空三军司令、警察总监等，主席由总统兼任。国防部为最高军事行政机构。总统通过国家安全委员会、国防部、陆海空三军司令部对全军实施领导和指挥。

经济与贸易

16 世纪到 18 世纪殖民统治期间的斯里兰卡，沿海地区的葡萄牙人和荷兰人主要从肉桂和其他香料中获利；在英国殖民统治时期，从 19 世纪 30—40 年代开始逐步取得现代化发展，当时的斯里兰卡在中部高地建立了咖啡种植园，咖啡很快成为经济支柱，然而咖啡在 19 世纪 70 年代由于受叶锈病的严重影响，很快就被茶叶取代了。椰子种植园在 19 世纪末期迅速扩大，其次是橡胶，这是一种 19 世纪 90 年代引入的经济作物。受西欧和北美汽车工业发展所带来的需求刺激，橡胶很快就超越椰子成为该国最重要的收入来源。靠着茶叶、椰子和橡胶的出口外汇收入，斯里兰卡能够大量进口食品、纺织品和其他国内需要的生活用品，在 1948 年独立时，超过 90% 的出口收入来自这 3 种产品。1978 年，斯里兰卡开始实行经济开放政策，大

力吸引外资,推进私有化,逐步形成市场经济格局。斯里兰卡
经济保持中速增长。2005—2008 年,斯里兰卡国民经济增长率
连续 4 年达到或超过 6%,为独立以来的首次。2008 年,受国
际金融危机影响,其经济有所回落;2009 年内战结束后,斯里兰
卡的经济增长势头强劲,但 2012 年后,经济增速持续低于新兴
市场经济体的平均增速。

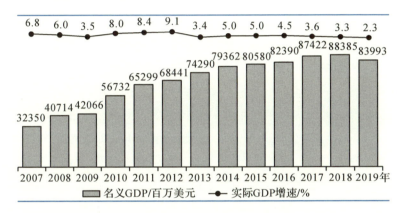

斯里兰卡 GDP 规模及其实际增速

斯里兰卡人均 GDP 水平及其实际增速

第一产业

农业：目前，农业产值占斯里兰卡国内生产总值的 7％左右，从事农业的人数约占全社会从业人员的 27％。斯里兰卡有 4 万平方千米可以用作农耕的土地，约为国土总面积的 61％。斯里兰卡人的主食是大米，生产的大米已经完全能满足斯里兰卡的需求。截至 2016 年 12 月 31 日，水稻的种植面积已经达到了 6710 平方千米。其他如洋葱、辣椒、豇豆、玉米、绿豆等副食作物也得到了很好的发展，但是没有实现自给自足，有一部分仍然需要进口；斯里兰卡的草药非常有名，它已经在北部和东部建立了 250 平方千米的草药农场；除此以外，还有 200 平方千米的土地用来种植生姜。近年来，香料产业迅速发展，出口额逐年递增，发展为斯里兰卡农产品出口的新兴支柱产业。斯里兰卡的农业在整个国家发展中起着关键作用，在国家经济发展中已经被定位为旅游观光农业，并且农业是国家未来发展的希望。

水产及畜牧业：斯里兰卡的沿海海洋养殖、深海养殖和水产养殖相当有潜力，水产部门对国内生产总值的贡献大约为 1％，水产及其相关行业解决了 65 万人的就业。目前斯里兰卡有 10 个左右主要港口，每年大概出产水产 123 万吨，包括海洋水产 110 万吨和内陆水产 13 万吨左右。除此以外，斯里兰卡目前在和跨国公司协调，并且通过双边协议将业务扩展到公海和深海。斯里兰卡的畜牧业主要有乳制品和家禽养殖两部分，占国内生产总值的 1％，斯里兰卡大约有 67 万农户从事畜牧业。目前，其生产的乳制品能够满足全国 33％人口的乳制品消费需求。

其他经济作物：斯里兰卡的主要经济作物为茶叶、橡胶和椰子，种植面积为 7400 平方千米，约占全国土地面积的 11％。

腰果、糖作物的出口在不断增加。这个部门在经济上占据主导地位,是用来赚取外汇的。经济作物提供了150万个就业机会,20%的出口收入来自经济作物。

第二产业

斯里兰卡工业基础相对薄弱,且以劳动力密集型工业为主,资金、技术密集型工业发展缓慢,几乎无重工业。由于工业资源匮乏,大量工业原材料需要从国外进口,加之工业起步晚,斯里兰卡的工业水平比较落后。目前斯里兰卡的工业主要有橡胶、塑料、建筑、食品、饮料、纺织服装、皮革、烟草、石油、化工、采矿采石及非金属矿产品加工等部门。

斯里兰卡的工业产值约占国内生产总值的26%,雇用了约27%的劳动力。出口的产品主要包括服装、橡胶制品、加工食品和加工钻石。服装业是斯里兰卡经济的重要贡献者。橡胶工业为斯里兰卡创造了30余万人的就业岗位。珠宝首饰业保持世界市场的地位,斯里兰卡拥有超过150个品种的宝石。斯里兰卡的陶瓷行业是国际陶瓷市场的领导者,每年出口约4000万美元,斯里兰卡拥有优质的高岭土、球黏土、长石、硅石等陶瓷原料,纯度高、质量好。

第三产业

斯里兰卡年服务业产值占国内生产总值的一半以上,贸易、运输、金融、保险、房地产、通信等产业增长较快。斯里兰卡旅游业是其经济的重要组成部分。游客主要来自欧洲、印度、东南亚等国家和地区。

斯里兰卡的银行部门由注册商业银行(LCBs)和注册专业银行(LSBs)组成,是该国金融体系的主要组成部分。就资产规模和所提供服务的重要性而言,注册商业银行是斯里兰卡银行部门最重要的组成部分。尽管国内银行数量众多,但银行体系的稳健性在很大程度上取决于注册商业银行的稳健性,特别是前六大注册商业银行。这6家银行被称为"系统重要性银行",包括2家国有银行和4家私营商业银行。根据世界银行发布的《2020年营商环境报告》,在"获得信贷"方面,斯里兰卡在全部190个经济体中排名第132位,低于其整体营商环境便利度排名(99/190)。近年来,斯里兰卡和中国在金融方面联系较为密切。

运输系统

内战结束后,斯里兰卡政府对交通基础设施建设制定了明确的发展目标:建立现代海港经济中心、机场,建立便捷的公路运输网络,并实施了一系列政策。总体来看,该国交通基础设施在南亚地区相对较好,尤其是海运和空运比较便利,能满足国际投资的基本需要。近年来,斯里兰卡大力拓展国际货运能力,积极引进外资扩建港口和机场,巩固其在南亚地区国际物流中心的地位。斯里兰卡政府提出了"5个中心计划"项目,其中就包括海洋中心和航空中心。

在机场建设方面,提出建立国际化大机场的构想,主要以科伦坡国际机场为标杆进行规划建设,重点是扩建科伦坡国际机场,重新启用汉班托塔国际机场,同时引进支线飞机,增加2个国际机场间的运力。截至2022年,中国北京、上海、昆明、广州、成都等城市有直飞斯里兰卡的航班。斯里兰卡的铁路网络有几百个站点,约1600千米的铁路网络整体不是很完善。公路运输是斯里兰卡国内的主要运输方式,乘车出行也是斯里兰卡民众日常主要的出行方式。斯里兰卡的公路总计有约12000千米,道路密度是南亚几个国家中最高的,道路的里程数和人口的使用率都超过了周边南亚国家。斯里兰卡主要的国际深水港有科伦坡港、汉班托塔港、加勒港和亭可马里港。

电力与电信

电力基础设施不断改善，用电成本较高。斯里兰卡的电力电源结构以水电和火电为主，但目前斯里兰卡干旱期成为水力发电的不稳定因素，因此政府近年来趋向于加大对火电方面的投入。不过，由于火力发电所需的柴油和重油几乎全部依赖进口，所以发电成本相对较高，且直接受国际市场油价波动的影响。由于政府资金有限，因此政府呼吁私营企业积极参与电力基础设施建设。同时，斯里兰卡政府支持发展非常规可再生能源，鼓励私人投资，促进可再生能源的商业开发，实现电力构成的多元化。

近年来，斯里兰卡电信业发展迅速，但目前的发展水平与发达国家相比依然较低。

语言与教育

语言是民族身份的标记，在殖民时代也成了区别社会阶层的标记。在殖民时代，英语的地位和作用被刻意强化，语言成为社会阶层经济分层的标准，成为社会精英阶层的标志。独立后，英语也一直是精英阶层的通行语，一直到 1956 年，英语作为斯里兰卡官方语言的状况才发生了一些改变。1957 年，新当选的僧伽罗首相班达拉奈克颁布了《唯僧伽罗语法》。该法案激起了泰米尔人的不满，激发了泰米尔人的民族独立意识。虽然 1958 年政府又补充了《泰米尔语言法第 28 号》，规定泰米尔语是地区性语言，但这让泰米尔人更加不满，加上政府在大学招生和政府岗位招聘方面的政策明显影响了泰米尔人的利益，泰米尔分裂群体采取了暴力手段对抗政府，引发了内战。内战结束后，2011 年，政府确定，斯里兰卡是三语国家，即僧伽罗语、泰米尔语和英语。义务教育阶段强制学习第二语言，以消除民族隔阂。

　　殖民时代之前,斯里兰卡传统教育是属于贵族精英和一部分佛教僧人的。1505 年后,西方殖民者教育体系替代了传统教育体系,开启了双重学校体制。收费的英语学校(以天主教教会学校、基督教教会学校等为主)有好教师和优良设施,西式全英文授课,招生对象为社会中上层人士的子弟。免费的本地语言学校,招生对象为本地的下层贫困家庭学童。西式英语教育成为阶层分化的标志。斯里兰卡首任教育部部长坎南加拉认为,教育的不公平导致了社会贫富差距加大。他一生致力于推动斯里兰卡的免费教育,打破英语学校的排他性,推动母语教学。自 1945 年起,斯里兰卡实行幼儿园到大学的免费教育,且不允许教育产业化发展。从 1980 年起,政府向十年级以下的学生免费提供教科书和校服。

　　1950 年全国有公办学校 3188 所,到 2008 年增加到 9714 所,增加了 2 倍多。在校生人数从 1950 年的约 140 万发展到 2008 年的约 384 万,且师生比从 1950 年的 1∶35 下降到 2008 年的 1∶19,同时成人识字率从 65% 上升到 93%。① 加强基础教育是消除贫困的有效手段之一,有助于社会均衡发展,所以独立后的斯里兰卡各届政府均致力于基础教育的投资和改善。全国最高收入群体和最低收入群体的基础教育入学率基本保持相同,且不同收入阶层的男童女童的入学率也基本保持一致。2017 年,政府教育开支达 2011.6 亿卢比②,居民识字率达93.1%,全国有学校 10194 所(中央政府教育部管理的国家级学校即全国重点学校有 323 所,私立学校 106 所),在校学生约

---

　　①　张荣建:《斯里兰卡教育、语言与社会发展研究》,中国农业大学出版社 2018 年版。

　　②　1 斯里兰卡卢比≈0.03 元人民币≈0.005 美元。

430万人,教师约24.8万人。

2018年9月14日,联合国开发计划署发布了最新的《人类发展指数和指标报告》,斯里兰卡被评为"高",其人类发展指数和人均收入是南亚国家中最高的。健康和教育是人类发展指数中2个重要的方面,其中教育指标斯里兰卡表现良好。尽管经历了长达20多年的内战,但斯里兰卡还是发展中国家中受教育人口比例较高的国家之一。

斯里兰卡的高等教育开始于佛学院的建立,现代高等教育开始于1870年的锡兰医学院,真正的现代大学体制开始于1921年。独立后人口增长,促使学校扩张,在1950—1960年间,招生数量增加了约60%,但社会根本无法接纳这么多的毕业生,特别是在20世纪60年代末到70年代初经济不景气的时代,年轻人的失业率居高不下。以1970年为例,15~24岁的年轻人失业率在80%左右,受过高等教育的失业青年后来成为民族矛盾冲突的主要参与者,导致社会动荡。1971年4月,斯里兰卡人民解放阵线发动年轻人,促使政府进行高等教育改革。目前,虽然斯里兰卡的公立大学实行免费入学政策,但入学竞争激烈,大学入学率不到20%,而且毕业率很低。

目前,斯里兰卡有16所大学,一流大学有科伦坡大学、佩拉德尼亚大学、凯拉尼亚大学、斯里贾亚瓦德纳普拉大学、莫拉图瓦大学等,此外还有法学院、医学院、师范学院、国防学院等高等专科大学。大专院校根据每年招生名额,从高级程度考试合格者中择优录取学生。国际学校不受教育部管理,由投资委员会管理,所以教育质量高低不一。对于国际生而言,在斯里兰卡留学费用是很低的。相关数据显示,在斯里兰卡留学一年的费用是5万~7万元人民币,包括学费和日常生活费用。

文化价值观

霍夫斯泰德文化维度理论是荷兰心理学家吉尔特·霍夫斯泰德提出的一个用来衡量不同国家文化差异的框架。他认为,文化是在一个环境下人们共同拥有的心理程序,能将一群人与其他人区分开来。通过研究,他将不同文化间的差异归纳为6个基本的文化价值观维度,分别是权力距离、个人主义与集体主义、男性化与女性化、不确定性规避、长期取向与短期取向、自身放纵与约束。

权力距离(power distance)维度用于衡量社会成员对于权力在组织中不平等分配的接受程度。各个国家由于对权力的理解不同,在这个维度上存在着很大的差异。欧美国家不是很看重权力,更注重个人能力。亚洲国家由于体制的关系,注重权力的约束力。分值越高往往表明社会层级越明显。斯里兰卡的权力距离得分为80分,这表明斯里兰卡社会内部权力等级十分明显,财富不平等现象被社会普遍接受。传统的种姓制度和400多年的殖民统治是背后的文化根源。生活在这种文化背景下的人从小就被告知有些人生来就高贵一些,因此他们拥有更多的权力,而尊重权力比尊重平等更有意义。因此,在斯里兰卡,僧侣和执政者享有很高的地位。

个人主义(individual)与集体主义(collectivism)维度用于衡量某一社会总体是关注个人的利益还是关注集体的利益。权力距离指数低的国家,个人主义指数往往比较高;反之,权力距离指数高的国家,个人主义指数往往比较低。权力距离指数与个人主义指数存在一定程度的负相关关系。个人主义指数高的文化中,人与人之间的关系是不紧密的,人们更关注本身和家庭;集体主义指数高的文化则看重群体内的关系,群体可以一直给成员提供保护,群体成员则必须对群体效忠。斯里兰卡的个人主义指数(IDV)为35,集体主义倾向明显,重视族群内关系,关心大家庭。在他们的社会里,其牢固的族群关系给予斯里兰卡人民持续的保护,个人也必须对族群保持绝对的忠诚。个人应按照其群体内更大的利益行事,无论是自愿选择还是由种姓制度强加。雇主和雇员之间的关系也从这一角度看待。

男性化(masculinity)与女性化(femininity)维度主要看某一社会代表男性的品质(如竞争性、独断性)更多,还是代表女性的品质(如谦虚、关爱他人)更多,以及对男性和女性职能的界定。男性化倾向是指社会中两性的社会性别角色鲜明,男人应表现得自信、坚强、注重物质成就,女人应表现得谦逊、温柔、关注生活质量;女性化倾向则是指社会中两性的社会性别角色相似,男人、女人都表现得谦逊、恭顺、关注生活质量。

一个社会的男性化或女性化倾向一般可以从对性别角色定位的传统和保守程度、对坚决行为及获取财富的推崇程度、对人际关系和家庭生活的重视程度等方面考虑。男性化社会以更加传统和保守的方式定义性别角色,女性化社会对于男女两性在工作场所和家庭中扮演的角色则持较为开明的观点。此外,男性化社会推崇坚决行为以及获取财富;女性化社会珍视人际关系,关心他人,以及看重家庭生活与工作之间更好的平衡。男性化程度高的社会,驱动力在于竞争、进取和成功,对成功的定义是胜出者和领域强者。斯里兰卡的男性化指数(MAS)为10,很低,可能是受佛教的强烈影响,因此斯里兰卡的女性化倾向更明显,人们更加重视个人福祉,实现良好的平衡和整体生活质量。

不确定性规避(uncertainty aviodance)维度是衡量一个社

会受到不确定的事件和非常规的环境威胁时是否通过正式的渠道来避免和控制不确定性。规避程度高的文化比较重视权威、地位、资历、年龄等,并试图以提供较大的职业安全、建立更正式的规则、不容忍偏激观点和行为、相信绝对知识和专家评定等手段来避免这些情景。规避程度低的文化对于反常的行为和意见比较宽容,规章制度少,在哲学、宗教方面容许各种不同的主张同时存在。斯里兰卡的不确定性规避指数(UAI)为45,风险规避意识较强。

从关系维度分析,斯里兰卡比较偏向内文化交际,更加信任本地人,对于外来者抱有警惕态度,更加倾向于和同一宗教团体的人交际,同时斯里兰卡的多民族国家性质使其还属于跨民族交际。斯里兰卡和中国一样属于高语境国家,在沟通过程中,很少的信息是经过编码后被清晰传递出来的,人们在交往中更注重语境。斯里兰卡在高语境下注重建立社会信任,高度评价关系和友谊,关系的维持比较长久,同时这种沟通较为含蓄,人们对含蓄的信息非常敏感,个体从早期开始就学会了准确解释这些含蓄的信息。在斯里兰卡,"圈外人"较为容易辨识,并且很难进入"圈内人"的群体。由于语境的一致性,中国和斯里兰卡进行外贸往来时比较容易达成有效沟通。虽然两国都属于高语境国家,擅长解读潜台词和含蓄信息,但是斯里兰卡人对于时间的管理不那么严格,临时更改约定或不守时现象比较常见。斯里兰卡人内敛的情感特质使其在人际交往中比较保守,融入新团体的速度相对较慢。

一般而言,在长期取向(long-term)和短期取向(short-term)这个维度上得分较低的文化,更愿意保留历史悠久的传统和规范,同时以怀疑心态观察社会变革;而在这个维度上得分较高的文化,则采取更加务实的态度,勤俭节约,为未来做准备。斯里兰卡在这个维度上的得分较低,为 41 分,说明斯里兰卡文化在应对当前和未来的挑战时更重视如何与自己的过去保持某种联系。这可能是因为"业力"(karma)的概念主导着宗教和哲学思想,使斯里兰卡人能够随遇而安,遵循命运的道路而不是执行精确的计划。

自身放纵(indulgence)与约束(restraint)维度用于衡量人们根据自己的思维养成方式、教育背景和社会习性习得等方面试图控制自己的欲望和冲动的程度。自身放纵指数越高,说明该社会整体对自身约束力不大;社会对自我放纵的允许度越大,人们越不约束自身。斯里兰卡在这个维度上的得分非常低,意味着它是一种高自我拘束文化。在这一维度上得分较低的社会往往表现出更多的愤世嫉俗和悲观主义。同样,克制的社会并不过多地强调休闲时间,并普遍约束个人欲望,个体普遍认可自己的行为受到社会规范的束缚,并认为满足自己的私欲是不对的。

复杂地缘　平衡博弈

斯里兰卡外交战略传统——"不结盟""大国平衡"

"不结盟"

"不结盟"是弱小国家规避战争风险的理性选择。采取"不结盟"政策,一方面维护了国家外交政策的独立自主,另一方面有利于摆脱国际格局变动所带来的风险。斯里兰卡采取"不结盟"政策,积极参与国际和地区政治,主张和平中立,反对侵略和战争,支持《联合国宪章》的原则和目标。

斯里兰卡第一任总理森纳那亚克明确提出斯里兰卡的外交政策如下:首先,与英联邦国家保持良好关系;其次,与其他国家和平共处。认识到斯里兰卡所处的重要地理位置以及由此带来的脆弱性,为了避免卷入冷战,斯里兰卡拒绝加入由美国主导的东南亚条约组织。第四任总理班达拉奈克的"不结盟"外交政策使当时的斯里兰卡同时与东西方两大阵营保持友好关系,不仅从这两大阵营处得到援助从而促进了其经济发展,而且提高了其国际政治地位。1960 年,班达拉奈克夫人当选为斯里兰卡总理(1960—1965),1970 年再次当选(1970—1977)。班达拉奈克夫人在外交上也坚决主张"不结盟",以继承其丈夫班达拉奈克先生的遗志。冷战期间,自由党主张国有化,发展民族经济,执行的是色彩鲜明的民族主义路线。从班达拉奈克总理(1956—1959)到班达拉奈克夫人(1960—1965,

1970—1977)再到他们的女儿库马拉通加夫人(1994—2005),都与中国保持着非常友好的关系。1994年,库马拉通加夫人当选为斯里兰卡总统,她年迈的母亲班达拉奈克夫人再度出任总理,斯里兰卡政府开始执行更为"均衡"的外交政策,建立更加广泛的国际关系,促进与世界各国和各地区的友好合作。

"大国平衡"

虽然斯里兰卡的国土面积不大,国力也相对弱小,但其在印度洋中占据核心位置,具有得天独厚的地缘战略价值。这是斯里兰卡能够实施"大国平衡"外交的前提条件。85%以上的全球商品贸易货运量运输是通过海运完成的,印度洋就提供了整个世界50%以上的运输通道,在世界海运中占有极其重要的地位,所以有海运学专家在提到印度洋重要地位的时候会说掌握亚洲命脉的关键就在于印度洋,而印度洋的核心枢纽点是斯里兰卡。

班达拉奈克夫人早在20世纪60年代就提出"印度洋和平区"的建议,该建议主张撤销在印度洋的外国军事基地和军事设施,目的是反对超级大国在印度洋的争夺和扩张,以确保印度洋的和平与安全,从而维护斯里兰卡自身的安全和利益。1971年12月,第26届联合国大会根据斯里兰卡建议,通过了《宣布印度洋为和平区的宣言》。由此可见,斯里兰卡自独立以来就不愿意卷入大国在印度洋地区的博弈。但处于独特地理位置的斯里兰卡无论是对印度、美国、日本还是对中国来说都是至关重要的国际战略核心点,斯里兰卡只能在几个大国间周旋以保持平衡。作为一个小国,斯里兰卡灵活运用外交资源,使自身利益最大化,这是斯里兰卡在处理与主要大国关系时最主要的战略逻辑。因此,斯里兰卡实施"大国平衡"外交既有发展上的考虑,又有安全上的考量,以便在确保自身安全的基础上谋求长足发展。

斯里兰卡实施"大国平衡"外交政策还有一个重要原因,那就是斯里兰卡的贸易结构现实。斯里兰卡最主要的出口市场是美国和欧洲,尤其是美国,在斯里兰卡的出口排名中长期占据第一位置,是斯里兰卡外汇的主要来源地。印度和中国则是斯里兰卡最重要的两大进口来源地。斯里兰卡在经济上同时得依靠中国、印度以及美国、日本等国家,而在安全上又不想依赖任何一个大国,以确保本国政策的独立自主,所以"大国平衡"外交政策十分灵活。

当前斯里兰卡的"大国平衡"外交政策主要有 3 个层次:第一个层次是积极搭上中国"一带一路"发展快车,这不仅能实现自身发展,还能够平衡印度的力量;第二个层次是继续与印度保持友好临邦关系;第三个层次是向美国和日本示好,一方面可以最大限度地优化其国家发展利益,另一方面也可以更好地平衡中印两国在斯里兰卡的影响力。

斯里兰卡的"大国平衡"外交政策在经济贸易投资等方面产生了重要影响。以基础建设为例,政府努力使基础设施投资来源多样化,以降低过度依赖一个国家的风险。政府同时与中印接触,中国主要在斯里兰卡南部进行投资建设,印度主要在斯里兰卡北部进行投资建设。斯里兰卡将南部的汉班托塔港交付给中国后,2017 年就将北部亭可马里港的开发交给印度(亭可马里港是斯里兰卡最大的天然港口,面积约为科伦坡港的 10 倍)。斯里兰卡政府还一直在寻找第三方来接管距离汉班托塔市 40 千米的汉班托塔国际机场。这座机场于 2009 年开工,2012 年 10 月开始运营,是拉贾帕克萨任期内大力推动建设的重点项目。2017 年 8 月,印度政府向斯里兰卡政府提交了收购该机场的方案,印度决定斥资 2.05 亿美元,收购机场 70%

的股份,经营 40 年。由于机场处于偏远地区,很明显印度此举并非出于经济目的。

斯里兰卡与印度

在斯里兰卡的对外关系中,无论是从地理位置还是历史文化层面分析,斯里兰卡与印度的关系都居于首屈一指的地位。印度是斯里兰卡最大也是最近的邻邦,两国具有悠久的历史关系,斯里兰卡在宗教与文化上深受印度的影响。如前所述,斯里兰卡的僧伽罗族和泰米尔族的祖先均来自印度,与印度存在着血浓于水的历史血缘联系。印斯两国之间的保克海峡最近距离只有 35 海里。南印度的泰米尔纳德邦自认为有责任和义务帮助斯里兰卡的泰米尔人对抗僧伽罗人,该邦对印度中央政府的外交决策具有很大的影响力,使印度政府处于两难境地。现任的莫迪政府也必须在泰米尔纳德邦的压力下谋求发展与斯里兰卡稳定的战略伙伴关系。

印度的国土和人口均为斯里兰卡的 50 倍,印斯两国大小、强弱悬殊,且历史上发生过多起南印度王朝入侵斯里兰卡的事件,所以同印度保持睦邻友好关系是斯里兰卡对外关系的重中之重。印度独立后对斯里兰卡实行的外交政策可以划分为 3 个阶段。

印度对斯里兰卡外交政策的历史变迁

1947 年独立后到 1989 年印度国大党下野,国大党领导下的印度为追求在南亚地区的主导地位,表现出很强的霸权主义倾向。1989 年后,非国大党领导下的印度意识到自己在南亚次大陆的影响力正在丧失,提出"古杰拉尔主义"的睦邻政策,通过妥善处理与斯里兰卡之间存在的泰米尔问题,提供不要求对等回报的帮助,使印斯关系处于良性互信的友好状态。其继任者瓦杰帕伊和辛格继续贯彻古杰拉尔政府时期的睦邻政策,拓展与斯里兰卡的经济和安全关系。2014 年莫迪政府上台后,印度方面认识到一个和平而稳定的斯里兰卡符合印度的利益,所以积极推行"邻国优先"政策。

1947—1989 年被称为印度第一共和国时期,国大党掌管着整个国家,尼赫鲁家族成员轮流领导国大党,当时印度对外政策的目标是确保印度在南亚次大陆的支配地位。所以独立后的印度力图主导南亚事务,充当地区主导势力,使斯里兰卡感受到来自北方大国印度的潜在威胁。1948 年独立之初,斯里兰卡与英国签订防御协定,很大程度上是出于对印度的忧虑。[①] 1956 年 4 月,斯里兰卡自由党领袖班达拉奈克出任政府总理,采取多方位、全面友好和中立主义的方针,印斯关系开始改善。1957 年 5 月,尼赫鲁首次访问独立后的斯里兰卡,为印斯两国友好关系的发展奠定了基础。

1959 年班达拉奈克总理被暗杀后,其夫人西丽玛沃·班达拉奈克出任总理。1960 年 12 月,班达拉奈克夫人访问印度,尼赫鲁明确表态称斯里兰卡僧伽罗人和泰米尔人的争端属于斯里兰卡内政问题,印度绝不干涉。双方经过友好协商解决了印度泰米尔人问题:97.5 万名在斯里兰卡的印度泰米尔劳工中,52.5 万人返回印度,斯里兰卡接收了 30 万人,并给予他们斯里兰卡国籍,其余 15 万人的身份,在以后的谈判中再定。[②] 到1974 年 1 月,两国达成新的协议,规定双方各接收 7.5 万人。这 2 个协议的签署为推动印斯关系的友好发展起到了重要作用。

---

① 王兰:《斯里兰卡》,社会科学文献出版社 2004 年版,第 318 页。
② 何道隆:《当代斯里兰卡》,四川人民出版社 2000 年版,第 176 页。

1967 年,英迪拉·甘地访问斯里兰卡,双方决定建立常设机构——联合经济合作委员会,讨论两国之间的经济技术合作问题。1965—1970 年,印度多次向斯里兰卡提供贷款,推动两国贸易迅速发展。拉吉夫·甘地继承其外祖父尼赫鲁和母亲英迪拉·甘地在南亚地区的外交政策,并在此基础上进行调整。此时印度虽声称与邻国改善关系,但实际上仍在南亚地区实行强权政治。从 1983 年斯里兰卡内战爆发到 1990 年印度维和部队撤出斯里兰卡,印度介入斯里兰卡民族冲突的行为和南印度对泰米尔反政府武装的支持导致两国关系紧张。

1989 年,印度进入第二共和国时期。这一年拉吉夫·甘地在大选中被击败,国民阵线领导人维什瓦纳特·普拉塔普·辛格当选为印度总理,国大党体系崩溃。新政府加快了从斯里兰卡撤军的步伐,到 1990 年 3 月,印度从斯里兰卡领土上撤走了全部军队。随着印度军队全部撤出斯里兰卡,双方关系逐渐改善。1991 年 5 月,斯里兰卡泰米尔"猛虎组织"成员暗杀了印度前总理拉吉夫·甘地,此事件使印度开始对泰米尔"猛虎组织"进行坚决镇压;印度宣布泰米尔"猛虎组织"为恐怖组织。印度对泰米尔"猛虎组织"态度的转变,促进了印斯两国关系的进一步发展。

20 世纪 90 年代初期,印度推出"古杰拉尔主义"南亚睦邻政策,向邻国提供不对等的单方援助。2004 年,曼莫汉·辛格总理上台执政,他对印度洋日益上升的战略重要性有着清醒的认识。他延续了古杰拉尔和瓦杰帕伊政府时期的政策,注重发展与南亚邻国的关系。因为南亚提供的市场非常有限,所以事实上其与南亚邻国关系的发展非常有限。在 2004—2014 年长达 10 年的总理任期内,曼莫汉·辛格总理与南亚邻国领导人的外交活动较少,更多地停留在政策层面,具体实施力度不大。

在这一背景下,印斯关系的发展也必然受到限制。国大党时隔8年重新掌权,曼莫汉·辛格领导的是一个联合政府,因此印度对斯里兰卡的外交决策受制于地方邦和国内党派,尤其是受制于泰米尔纳德邦。因此,其对斯里兰卡的政策难以有效推进。到辛格政府执政后期,印度与斯里兰卡的关系出现了疏离。

在经贸关系方面,印斯两国之间的贸易长期不平衡。斯里兰卡和印度的主要出口商品大多是相同的,包括茶叶、橡胶、纺织品和农产品,因此在国际市场上相互之间的竞争很激烈,相互影响也很大。长期以来,斯里兰卡对印度的贸易逆差一直很严重。为了促进两国之间的贸易关系,两国政府做了不少努力,但两国之间长期存在的贸易不平衡问题没有得到有效改善。1998年12月28日,印斯两国签署了《印度—斯里兰卡自由贸易协定》,作为南亚地区第一个自由贸易协定,它促进两国贸易总额快速增长,并在一定程度上改善了两国的贸易不平衡状态。经过13轮谈判,印斯两国又于2008年7月签署《全面经济合作协议》,印斯双边贸易额从2000年的6.58亿美元增长到2009年的27亿美元。

2014年5月,纳伦德拉·莫迪以一个强势领导人的姿态上台执政,印斯关系的发展掀开了崭新的一页。较之前任领导人,莫迪不仅有改善与斯里兰卡关系的政治意愿,而且积极付诸行动。莫迪对印度的对外政策目标做出清晰的定位,拥有强烈的政治意愿推进外交政策的实施。他注重与斯里兰卡发展经贸合作,解决民族争端,以实现次大陆经济一体化和地区繁荣稳定,推动印度在南亚和国际事务中相对影响力的提升。除贸易领域外,两国在防务、航空、旅游、信息技术等多个领域的联系也在不断增强。旅游业是印度和斯里兰卡之间的重要纽带,印度是斯里兰卡旅游市场的最大客源国。在斯里兰卡的外国游客中,每 5 个人就有 1 个人来自印度。目前,斯里兰卡是印度在南盟框架内的最大贸易伙伴,印度则是斯里兰卡在全球范围内的最大贸易伙伴。

2015 年,自由党的迈特里帕拉·西里塞纳赢得斯里兰卡大选,他上台 10 天即派遣外交部部长萨马拉维拉访问印度,随后自己出访的第一个国家也是印度(一个月以后又访问中国),对外明确宣称印度是他外交政策中的"第一要务"。莫迪在西里塞纳访印之后,即对斯里兰卡进行了回访。2015 年 3 月 13 日,印度总理莫迪出访斯里兰卡首都科伦坡。自拉吉夫·甘地 1987 年访斯以来,这是印度总理 28 年来首次访问该国。两国签署了签证、海关、青年发展和在斯里兰卡建造泰戈尔纪念馆 4 份双边协定;双方致力于友好解决长期困扰印斯关系的渔民越界捕鱼问题。

因为两国距离最近处相距仅 35 海里,根据《联合国海洋法公约》的规定,各沿岸国可以保有距离海岸线 12 海里的领海,以及 200 海里的经济专属区,两国在保克海峡的领海和专属经济区域有所重叠,长期存在着明显的渔业冲突矛盾。据统计,印度人在斯里兰卡海域内偷捕,每年给斯里兰卡造成1600 万～5600 万美元的经济损失。印度因为采用拖网捕鱼使自身渔场枯竭,斯里兰卡禁止拖网捕鱼使自身水域里的渔业资源丰富,所以印度渔民经常偷偷进入斯里兰卡海域捕鱼,频繁与斯里兰卡海军发生争端。2014 年莫迪政府上台后,积极推行"邻国优先"政策,致力于解决两国之间的渔业冲突问题,还通过加强两国之间的宗教联系来消除斯里兰卡的反印情绪。

2017 年 5 月 11 日,印度总理莫迪在他任期内第二次正式访问斯里兰卡,以便加强印度在斯里兰卡的传统影响力,在政治、经济等方面加强合作。印度总理再次访问斯里兰卡有着与中国争夺地区影响力的战略考量,因为印度有着与中国"21世纪海上丝绸之路"相似的战略规划,即"季风计划"。

中国"21世纪海上丝绸之路"

"21世纪海上丝绸之路"是2013年10月3日中国国家主席习近平在印度尼西亚议会上提出的发展思想,其主要目的是促进和深化区域经济一体化与合作,建立经济联系,开放海洋贸易走廊,发展海港基础设施,促进协调的经济生产和改善海上贸易的连通性。海上丝绸之路的建设将使未来的中国拥有更具战略性的海洋空间。在中国共产党第十八次全国代表大会上,"建设海洋强国"首次被提升到了国家发展战略高度。"一带一路"倡议提出4周年之后,于2017年10月被写入党章,"人类命运共同体"发展思想被提升到宪法层面,显著提升了该战略的重要性。"21世纪海上丝绸之路"是"一带一路"发展框架中的重要部分。"21世纪海上丝绸之路"强调连接东西亚经济圈和西方欧洲经济圈,建立丝绸之路沿线港口城市网络,连接中国经济腹地。"21世纪海上丝绸之路"包括5个基本的合作领域:政策、基础设施、贸易、货币和人员。根据世界银行的统计,沿线国家与地区的经济规模达到了约23万亿美元,占全球经济总量的31%;涵盖的人口数共计46亿,在全球人数中的占比为62%;货物与服务经贸额则占全球的24%。

在"21世纪海上丝绸之路"倡议的第一份正式文件中,最初是以南海地区、东盟为中心,还包括印度洋、南太平洋、地中海和大西洋的部分。2017年6月,中国将北冰洋纳入,以扩大"21世纪海上丝绸之路"的范围。"21世纪海上丝绸之路"目前有3条设想的主动脉。第一条海上丝绸之路的主干道是通过南海,经过印度洋和地中海,最后进入大西洋;第二条海上丝绸之路从中国的海岸穿过南海,经南太平洋,再到澳大利亚;第三条海上丝绸之路是从中国北方出发,穿过北冰洋,沿俄罗斯北部海岸,向西北方向与北欧地区相连,向东北方向与加拿大相连。与大西洋、太平洋和北冰洋相比,南海和印度洋是最具战略性和经济价值的空间穿越地带,因此,此倡仪对中国而言具有极大现实价值和极高战略价值。

第一条海上丝绸之路是中国在古代海上丝绸之路基础上注入新特征与新内涵发展而来的,其所涵盖的范围基本与中国古代海上丝绸之路相同。从地理上看,古代海上丝绸之路有2条路线,一条往北经东海连接朝鲜半岛;另一条从中国经南海到东南亚,穿印度洋过南亚,经阿拉伯海波斯湾。考古证据表明,第二条海运路线为古代中国丝绸之路的核心,而欧亚古代海上运输可以追溯到中国丝绸之路建立之前数千年。

在7世纪之前,陆地贸易路线是欧亚贸易的首选,那是一个中国人、罗马人和帕提亚人繁荣昌盛的时代。随着阿拉伯人在海上贸易中的崛起,海上航线比陆上路线更受欢迎,因为与陆地通道上常有的抢劫和偷盗相比,海上航线的运力更大,且相对安全。唐代,我国东南沿海地区就有一条名为"广州通海夷道"的海上通道,它也是中国海上丝绸之路的原名。古老的海上丝绸之路穿越东南沿海地区,穿越印度洋,最终到达欧洲与东非等地区,成为我国古代与世界各国文化交流和经济合作的主要渠道。特别是在宋元时期,我国航海技术与造纸技术快速发展,同时指南针在航海中开始被应用,商船航海能力得到显著提高,私人海上经贸也迅速发展。这一时期,我国与60多个国家之间具有经贸关系。广州、泉州和宁波是我国公认最早的几个港口城市,它们与海上丝绸之路有着紧密的关系。联合国教科文组织认为海上丝绸之路的开端就在泉州。早在东汉时期,就已经有史料记载泉州与日本之间具有商贸往来,发展到唐朝时期,泉州成为我国最大港口。在两宋时期,随着我国经济中心逐步南移,福州成为我国古代海上丝绸之路的主要港口。

第一条海上丝绸之路也是从福建省开始,经过广东、广西和海南,然后向南穿过马六甲海峡,穿越印度洋,经过斯里兰卡,前往内罗毕,向北驶过非洲之角,穿过红海,最后进入地中海,然后在欧洲与陆上丝绸之路交会。目前斯里兰卡是我国第一条海上丝绸之路在印度洋上的战略中点,"中巴经济走廊"与"孟中印缅经济走廊"的延长线的南亚交会点也在斯里兰卡,这就更加凸显斯里兰卡的战略重要性。斯里兰卡可以充分发挥其辐射南亚次大陆的区位优势,成为构建"21世纪海上丝绸之路"的重要战略伙伴。当今全球贸易中约85%以上的运输是通过海运进行的,印度洋航道就承载了世界海运量的50%以上,由此可见印度洋在世界海运版图中所占据的重要地位。印度洋地区包括38个沿岸国家与地区,13个内陆国家,占地球总面积的20%,被列为世界第三大水体。从地缘贸易角度来看,印度洋占有全球集装箱海上运输的1/2,大宗海上运输的1/3,以及原油海上运输的2/3。

中欧经贸往来中,海运贸易量约是航空货运和欧亚铁路运输贸易总量的3倍。每天航行于印度洋的各国大型船只有300余艘,其中一半以上是开往中国或从中国开出的。我国90.37%的原油进口量,97.53%的铁矿石进口量,92.18%的铜矿石进口量,92.20%的煤炭进口量,均是通过海运实现的。我国已成为全球第一大贸易国,30多条海上航线可以通达150个国家的1200多个港口,海上通道承担着我国对外贸易90%的运输量。① 由于中国近年来的高速发展,印度、美国、日本等国在印度洋对我国实施了一定程度的战略包围。由于中国的大部分海上运输航线位于印度洋,因而海上运输安全遭受着极大的威胁。中国对石油和天然气进口的依赖程度较高,大部分海上能源进口都必须通过印度洋地区和南中国海,这条海上能源运输线是中国能源的主动脉,因此,确保这条海上能源线路的安全性对中国有着深远的战略意义,而斯里兰卡是这条能源运输主动脉中至关重要的战略节点。

印度"季风计划"

印度为实现在南亚次大陆的主导地位,一直反对域外大国介入南亚和印度洋地区。印度的国际贸易大多通过海洋进行,能源进口也主要依赖印度洋通道,印度对外贸易总量的95%和超过70%的进口原油是通过海上运输的。随着中国在印度洋地区的影响力逐渐增强,南亚及印度洋地区复杂的地缘政治决定了印度需要重新评估自身的安全威胁,应对来自陆上的压力和来自海上的挑战,改善与邻国的关系,以缓解陆海复合型国家的战略困境。

印度战略家将印度洋划分成 3 个"同心圆",并制定了相应的战略。一是确保近海 500 海里水域安全的"绝对控制区";二是确保对海上 500～1000 海里通道安全维持监控的"中等控制区";三是对 1000 海里以外水域具备力量投送能力的"软控制区"。印度前海军司令明确指出斯里兰卡对印度的重要性:对印度来说,斯里兰卡在战略上如同爱尔兰对英国那样重要。只要斯里兰卡对印度保持友好或中立,印度就无忧无虑。但是如

---

① 朱翠萍:《"21 世纪海上丝绸之路"的内涵与风险》,《印度洋经济体研究》2015 年第 4 期,第 4—16 页。

果出现该岛被其他大国支配的危险,那么印度不会容忍这种危及其领土安全的局面。①

2014年6月20日,印度文化秘书拉文达·辛格首次提出"季风计划"的概念。印度文化部2014年发布的《季风:海上航线和文化景观》中提到,"季风计划"所涵盖的区域包括东非、阿拉伯半岛、南亚次大陆、斯里兰卡以及东南亚国家。该计划旨在恢复数千年来印度洋沿岸国家间所建立的联系,超越当今国家和民族界限,加强沿岸各国之间的联系,推动实施印度的"海洋花环"计划。"海洋花环"计划发布于2015年3月25日,旨在通过加大基础设施建设投入,增强印度在印度洋现有港口的性能,提高其效益。

斯里兰卡与美国

斯里兰卡独立后,美国和斯里兰卡的关系明显受斯里兰卡政党更迭的影响。当主张独立自主的自由党上台时,美斯关系就相对冷淡。当偏向西方的统一国民党上台时,在政治上就会优先发展与美国等西方国家的关系,美斯关系相对融洽。斯里兰卡独立初期,统一国民党奉行亲西方政策,其政治立场与美英等国接近,在经济方面更是对这些国家依赖严重,进出口贸易基本上仅与这些国家进行。

长期以来,美国是斯里兰卡的主要援助国之一,包括对斯里兰卡进行粮食援助和扫雷援助。从1950年起,美国开始在粮食、灌溉、公路和卫生等方面对斯里兰卡进行援助,还向斯里兰卡提供少量军事援助。1950—1951年,斯里兰卡从美国获得

---

① 李捷、曹伟:《斯里兰卡内战结束以来印度对斯政策分析》,《南亚研究》2013年第4期,第116—132页。

100 万美元的援助。1952 年,由于中斯两国签署了《米胶协定》,美国撤销了对斯里兰卡的所有援助,这是对斯里兰卡与中国接触的惩罚,后来美国又慢慢恢复了对斯里兰卡的援助。在1962 年斯里兰卡自由党执政期间,政府把美国几个石油公司的资产收归国有,美国认为斯里兰卡对此举没有采取足够的补偿措施,就中止了对斯里兰卡的援助,还提出了高价的赔偿要求。

冷战期间美斯关系还受到印度的影响。冷战结束后美斯关系较快发展,尤其在斯里兰卡内战结束后,美国重新认识到斯里兰卡的重要性,不断强化与斯关系。内战期间,包括美国在内的西方国家批评斯里兰卡政府侵犯人权,遂减少了对斯里兰卡的经济投入,美斯关系也出现冷淡趋势。2004 年底海啸灾难发生后,美国在斯里兰卡救灾和灾后重建中发挥了积极作用。内战结束后,美国重新重视和斯里兰卡的关系,长期保持着斯里兰卡最大出口国地位,是斯里兰卡外汇的主要来源国。2009 年斯里兰卡对美国的出口贸易额是 15.9 亿美元,此后逐年稳步提升,到 2018 年突破了 30 亿美元大关。

一方面,斯里兰卡占据着印度洋的关键位置,在维护印度洋地区安全与稳定方面发挥着重要作用。美国自提出"印太战略"以来,一直视斯里兰卡为这一战略的重要支点。美国在该地区的核心利益是确保来自波斯湾的能源安全以及维护印度洋上的航行自由。另一方面,中斯关系的快速发展是美国重新重视斯里兰卡的一个重要因素。西方国家尤其是美国一直对中斯的亲近保持警惕,美国为了维护其印度洋海上霸权,不允许其他大国主导该地区。奥巴马政府的"亚太再平衡战略"更是将战略重心东移,此时斯里兰卡的战略地位显得越来越重要,美国政府视其为"亚洲的支点"。

2015 年初,西里塞纳在选举中击败了拉贾帕克萨赢得政权。美国与印度的支持必然导致西里塞纳政府调整拉贾帕克萨执政期间的一些外交政策。2015 年 5 月,美国国务卿克里到访科伦坡,这是 40 多年来美国国务卿首次对斯里兰卡进行访问。克里在科伦坡发表讲话时称:"印度洋是世界上最重要的商业高速公路,斯里兰卡坐落在非洲、南亚与东亚的十字路口上,由于其重要的地理位置,可以作为印太地区的支点。美国很高兴看到斯里兰卡在民主方面的改善,愿意加强与斯里兰卡在海事和经济领域的合作,以促进其繁荣发展。"美国邀请斯里兰卡加入由美国主导的"印度洋太平洋经济走廊"(IPEC)倡议。"印度洋太平洋经济走廊"是由奥巴马政府发起的,旨在增强南亚和东南亚地区的连通性。2015 年 12 月,美国副国务卿托马斯·香农访问斯里兰卡,明确表示:"斯里兰卡是未来经济和战略的中心,希望其成为民主和航行自由的地方。"2015 年美国海军出台了新的《21 世纪海上力量合作战略》,明确指出美国应谋求太平洋和印度洋"两手抓",以应对中国在印度洋地区不断增强的影响力。

2016 年 2 月 19 日,斯里兰卡外交部部长萨马拉维拉访问了华盛顿,双方发表的联合声明指出:斯里兰卡在印度洋地区占据至关重要的战略位置,两国将加强海上安全合作;美国支持斯里兰卡的宪法和立法改革,并呼吁政府将北方的土地归还给原土地所有者。美国国务院和斯里兰卡外交部在首届"美斯年度伙伴关系对话"会上发表的联合声明指出,美斯两国将加强在印度洋地区的海上安全合作,包括打击海盗,提供人道主义援助,以及确保该地区航运通道安全和航行自由。2016 年 5 月,美国放宽了自 2008 年 5 月以来对斯里兰卡实施的军购限制,美斯两军之间的接触也开始增加。2016 年 8 月,美斯两国举行了首次双边防务对话会议,商定未来 3 年的双边训练和演习计划,两国军事安全合作的步伐明显加快。2016 年 9 月,美国海军在亭可马里举办为期 3 周的培训,对斯里兰卡海军进行培训。2017 年,特朗普政府提出"一个自由开放的印太"愿景后,美国不断加大对印太区域的安全介入力度,提升其在印太区域的经济存在和影响力,占据印度洋关键地理位置的斯里兰卡成为美国关注的重点。2018 年 8 月,在美国主办的"环太平洋军演"中斯里兰卡海军的身影首次出现。

斯里兰卡与日本

日本和斯里兰卡是 2 个拥有宗教、文化和历史联系的岛国,具有海洋国家的共同特征。1952 年,日本和斯里兰卡建立正式外交关系,建交后的几十年中,两国的政治经济关系发展平稳。自 20 世纪 70 年代开始,斯里兰卡积极发展与日本的双边关系,尤以经贸领域最为突出。1982 年,日斯两国签署《投资保护协议》,以吸引更多的日本企业到斯里兰卡投资。1986 年,日本成为斯里兰卡最大的投资伙伴国。日本对斯里兰卡的经济援助主要是通过日本国际协力机构(Japan International Cooperation Agency)进行的。这些援助对促进斯里兰卡经济发展发挥着重要作用,不仅改善了斯里兰卡的国内基础设施,还促进了斯里兰卡工业部门的发展。

日本对斯里兰卡的援助始于"科伦坡计划",1965 年日本向斯里兰卡提供 500 万美元的贷款。1970—1977 年,日本向斯里兰卡提供 1200 万美元的援助,帮助斯里兰卡改进渔业设施,并为斯里兰卡政府计划建造的 10 万座房屋提供建筑材料。1977 年上台的贾亚瓦德纳政府致力于发展本国经济,因此与日本建立了更为密切的关系。1979 年 9 月,贾亚瓦德纳访问日本,此后日本对斯里兰卡的援助大幅增加。这一年日本向斯里兰卡提供 90 亿日元的贷款,几乎是 1978 年提供的 55 亿日元贷款的 2 倍。2009 年之前,日本一直是斯里兰卡最大的援助国,2010 年起中国取代日本成为斯里兰卡的最大援助国。

日本在斯里兰卡没有殖民和入侵的历史,内战期间,日本与挪威合作在斯里兰卡进行了和平建设的尝试,受到许多斯里兰卡人的赞赏。与中国在斯里兰卡进行大量基础设施建设不同的是,日本在斯里兰卡主要实施一些基于软实力建设的项目。多年来,日本对斯里兰卡的文化、教育及民生领域的投资受到斯里兰卡的欢迎,尤其是日本在斯里兰卡推出的"3 种语言"(僧伽罗语、泰米尔语、英语)援助计划,对斯里兰卡的战后民族和解起到了积极的作用,可以说是大国向小国输出软实力的成功案例。

2014 年 9 月,斯日两国发表联合声明,决定将两国关系提升为"海洋国家新型合作伙伴关系"。在日本看来,斯里兰卡关系到日本从中东到本土的海上通道安全。日本 80% 的原油、天然气都需经过印度洋北部主航道以及马六甲海峡从中东进口,因此保持对在印度洋上占据重要战略位置的斯里兰卡的影响力显得尤为重要。西里塞纳政府执政期间,两国海上防务合作也日趋加强。

日本政府提出的印太战略的实质是对海上通道的控制,尤其是确保日本的"海上石油生命线"的安全。该航线连接着日本和中东地区石油出口国,涉及的海域包括波斯湾、阿拉伯海、印度洋以及南海,涉及的海峡主要是霍尔木兹海峡、马六甲海峡以及台湾海峡。这一航线也是中国从中东和非洲进口石油和原材料的海上通道,与中国的"21 世纪海上丝绸之路"大范围地重叠。

2015 年 10 月,斯里兰卡总理维克拉马辛哈访日,宣布两国建立"全面伙伴关系",在经济发展、海洋安全、民族和解与和平建设等领域开展合作。2016 年 1 月,两国在科伦坡举行了首届"斯里兰卡—日本海上安全对话",以加强两国之间的海上合作。据相关统计,2008—2017 年访问斯里兰卡港口的外国军舰中,有 65 艘日本军舰,仅次于印度军舰访问斯里兰卡的数量。2016 年 6 月,日本政府向斯里兰卡提供约 1630 万美元的资金,用来提高斯里兰卡海岸警卫队(SLCG)的海上安全能力。2018 年,日本防卫大臣访问斯里兰卡,捐赠 2 艘价值总计超过 1100 万美元的海岸警卫队巡逻艇。

在 2018 年 10 月举行的印日年度峰会上,两国领导人发表声明:将加强在印太地区的合作,并设立"日印在亚非地区经贸合作平台"(Platform for Japan-India Business Cooperation in Asia-Africa Region),以加强两国在斯里兰卡、孟加拉国以及非洲国家的基础设施建设合作。印度虽在南亚有着绝对的影响力,但囿于自身经济实力,对南亚其他国家的投资往往"心有余而力不足",而日本在资金上具有优势,这在一定程度上促进了日印两国联手推动在南亚和印度洋的基础设施建设。

中斯友谊　友好典范[①]

中斯友好关系起源于古代海上丝绸之路,古丝绸之路创造了两国和平相处、合作共赢的历史。1957 年中华人民共和国与斯里兰卡建交至今,两国关系堪称"大小国家友好相处的典范"。

第一阶段：中斯建交前后——国家不分大小，贸易平等互利（1949—1957）

1949 年 10 月 1 日,中华人民共和国宣告成立。此后,斯里兰卡很快终止了同台湾的关系,并丁 1950 年 1 月 7 日承认中华人民共和国。斯里兰卡是世界上第一批承认中华人民共和国的国家之一,1950 年,周恩来总理就邀请斯里兰卡代表来北京协商两国建立正式外交关系,但由于当时的斯里兰卡刚刚通过和平谈判以英联邦自治领方式获得独立,过渡期内政府内务和外交独立性依然受到很大制约,中斯两国一直到 1957 年才正式建立外交关系。

1950 年 6 月朝鲜战争爆发,以美国为首的西方国家借朝鲜战争污蔑、孤立和封锁中国,橡胶被美国列为对中国禁运的战略物资。1951 年 4 月,美国强迫马来西亚禁止向中国出口橡胶,接着又同泰国和印度尼西亚签订了橡胶垄断协定。由于美

---

① 　主要参考江勤政:《中国和斯里兰卡的故事》,五洲传播出版社 2017 年版。侯道琪:《"21 世纪海上丝绸之路"视角下中国斯里兰卡关系研究》,国防科技大学博士学位论文,2019 年。

国囤积橡胶,导致世界橡胶供过于求,如1950年12月橡胶价格每磅为0.735美元,到1951年9月就跌到0.245美元。橡胶价格的暴跌让斯里兰卡在经济和财政上遭受巨大损失。同时,中国的国内建设和人民生活需要大量橡胶,但国内产量严重不足,只能向其他国家采购却买不到足够的橡胶。

在关键时刻,作为橡胶生产大国,斯里兰卡及时伸出了援手,一方面是因为中斯两国有着深厚友谊,另一方面,也是因为当时的斯里兰卡大量种植茶叶、橡胶、椰子等非粮食类经济作物,挤占了粮食种植面积,使粮食生产大受影响,全国陷入了粮食荒,急需从海外采购大量粮食。1952年12月,中斯两国签署《中华人民共和国中央人民政府与锡兰政府关于橡胶和大米的五年贸易协定》(以下简称《米胶协定》)。从1953年起,以5年为一期,中国每年向斯里兰卡出口27万吨大米(约占其全年粮食进口量的3/4),斯里兰卡每年向中国出口5万吨橡胶(约占其全年产量的1/2)。

当时的斯里兰卡每年需要从海外进口40万吨粮食,1952年粮食价格飞涨,米价升到第二次世界大战前的1.5倍。当时的斯里兰卡农业部部长前往美国寻求帮助未果,因为美国坚持用很低的价格收购橡胶,却要以高出国际市场水平的价格出售大米。周恩来总理指示外贸部,要以高于国际市场价格5%～8%的价格进口斯里兰卡的橡胶,出售给斯里兰卡的大米价格不得高于国际市场的平均价格,很好地体现了中国对友好兄弟之邦的诚意。

该双边贸易协议签署的政治意义远大于经济意义。斯里兰卡是亚非国家中第一个冲破美国封锁同中国建立贸易关系的国家,不仅缓解了我国对橡胶需求的燃眉之急,也打破了西方国家对我国的外交孤立,为全世界人民尤其是亚洲人民认识中国、了解中国、增进对中国的信任起到非常重要的作用。1953 年,中国又迎来了印尼经济代表团,双方签订了贸易协定,第二年印尼就向中国出口橡胶。1954 年,中国迎来了缅甸经济代表团,双方签订了 3 年期贸易协定。《米胶协定》的签署对斯里兰卡同样具有重要的意义。这是斯里兰卡第一次与西欧和美国之外的国家进行贸易联系,扩大了斯里兰卡在国际上的活动空间。

中斯两国签订《米胶协定》后,美国采取了一系列打击斯里兰卡的行动:先是停止在斯里兰卡收购橡胶,停止援助;然后迫使缅甸等国停止向斯里兰卡出口大米,禁止向斯里兰卡出口橡胶培植保护所需要的硫黄,促使日本停止向斯里兰卡出口钢铁等。1952 年 10 月,美驻斯里兰卡大使约见当时的森纳那亚克总理,质问:斯里兰卡可以从中国买米,但为什么要把橡胶卖给中国?印度也从中国购买大米,但印度并没有把橡胶卖给中国。中斯两国签订长期《米胶协定》,中国凭借这个协议就可以要求在斯里兰卡设立大使馆,进行共产主义宣传了。当时的森纳那亚克总理回应:"协议签得对。印度未卖战略物资给中国,也许是因为获得了美国的大量援助。我们是最早承认中华人民共和国的国家之一,中国有权在我们国家设立大使馆,不必依据贸易协定。至于美国给我们满意的条件,我们已经等了一年多,现在才准备给我们,为时已晚。即使现在我们能获得 2 倍于我们从中国获得的利益,或者给我们 500 吨黄金,为了荣誉和尊严,我们也不能这么做。我们是一个年轻的国家,不懂得外交,但懂得哪里有高尚行为,哪里才有和平。"

在 1955 年的万隆会议期间,斯里兰卡总理约翰·科特拉瓦拉(统一国民党人士)受美国影响提出要让台湾取得独立国家地位,周总理强调:"我们并不要求各人放弃自己的见解,因为这是实际存在的反映。但是不应该使它妨碍我们在主要问题上达成共同的协议。"周恩来总理采用会下多沟通、会上少争论的方法解决了与会者的矛盾。在 1955 年的万隆会议期间，科特拉瓦拉在讲话中提到："这次万隆会议取得的一个重大成就，是加强了共产党中国和非共产党国家之间的相互理解，共产党国家与非共产党国家是可以和平相处的，这是对和平的一大贡献。"①

1956 年，中国已经成为斯里兰卡第三大贸易伙伴，仅次于英国和印度。以自由党领导人所罗门·班达拉奈克为首的人民联合阵线上台执政后，班达拉奈克拒绝将意识形态作为斯里兰卡与其他国家交往的标准，并奉行不结盟的外交政策。在班达拉奈克不结盟外交政策的指导下，斯里兰卡政府决定同时与中国和苏联建立外交关系。在班达拉奈克担任总理期间，他还取消了前总理科特拉瓦拉在 1953 年实施的中国和苏联的出版物禁止进入斯里兰卡这一规定。这一举措无疑加强了中斯两国之间的文化交流。

1956 年 9 月，斯里兰卡访华代表团抵达北京，分别受到毛泽东主席和周恩来总理的亲切接见。双方正式签署了《中华人民共和国政府代表团和锡兰政府代表团联合公报》。该公报指出，中斯两国应在互利的情况下扩大两国的贸易关系，在互助的情况下发展两国的经济合作，并加强两国人民之间的友谊和相互了解。1957 年 1 月 31 日至 2 月 5 日，周恩来总理第一次访问斯里兰卡，表现出泱泱大国领导人风范。1957 年 2 月 4 日是斯里兰卡独立 9 周年纪念日，周恩来总理参加了斯里兰卡为

---

① Jain，R. K. *China-South Asian Relations* 1947—1980. New Delhi：Radiant Publishers，1981，p. 456.

纪念独立 9 周年在科伦坡独立广场举行的庆祝大会,并向群众发表讲话。周恩来总理是第一个受邀在斯里兰卡独立日庆祝大会上讲话的外国政治家。

这中间还发生了一个小插曲。周总理的讲话才开始几分钟,天就下起雨来,会场中带伞的纷纷撑开了伞,少数没带伞的就跑到附近的亭子里去躲雨。周总理依然纹丝不动地站在雨中继续演讲,当工作人员给他撑伞时,周总理婉拒,留在现场的观众发出了响亮的欢呼声,大家静静地站在雨中,认真地聆听周总理讲话。1957 年 2 月 5 日,周恩来总理与班达拉奈克总理发表联合声明,声明强调,不同国家之间虽然有着观点分歧和不同的社会制度,但依然是可以和平相处的。1957 年 2 月 7 日,中斯两国正式建立外交关系。同年,两国互派大使到任履职,揭开了两国外交新篇章。

第二阶段:中斯关系快速发展期(1958—1964)

1959 年 3 月,中国西藏少数武装分子发动武装叛乱,斯里兰卡政府以中斯两国传统友谊为重,做出了正确的决定。一方面因为斯里兰卡政府有来自邻国印度的压力,另一方面由于斯里兰卡是一个佛教国家,一些佛教徒不了解西藏叛乱的事实也给政府施加压力。在双重压力之下,斯里兰卡政府依然坚决发表声明,称西藏问题是中国内政,在外交上支持中国。1959 年 10 月,联合国大会就所谓"西藏问题"提案进行大会表决时,斯里兰卡代表投了弃权票。

1959 年 9 月 25 日,班达拉奈克总理和往常一样,在总理官邸接见来访者。当他看到 2 个僧人时,马上上前行礼。突然,一个僧人从袈裟下掏出了手枪,向他连开数枪,班达拉奈克因抢救无效于次日逝世。周恩来总理当天晚上就赶到斯里兰卡驻中国大使馆悼念。1960 年 7 月,班达拉奈克总理遗孀西丽玛沃·班达拉奈克夫人在大选中获胜,出任斯里兰卡总理。她继承了丈夫的遗志,继续坚持奉行和平中立、不结盟的对外政策,推进中斯关系继续向前发展。

1962 年 10 月,中国和印度因领土边界爆发大规模冲突,班达拉奈克夫人抵挡住了来自国内以及外界的压力,对事件做出了自己客观公正的判断。尽管斯里兰卡政府承受着来自印度的极大压力,但依然在中印边界冲突中保持了中立,受到中国的极大欢迎。1962 年 12 月 10 日,班达拉奈克夫人在科伦坡主持召开了有斯里兰卡、埃及、柬埔寨、缅甸、印度尼西亚、加纳等亚非不结盟国家的代表出席的会议,试图努力调停中印边界争端,为中印双方重新谈判营造很好的外部环境,周总理致电介绍中印边界冲突情况并预祝会议成功。1962 年 12 月 11 日,周总理再次致电班达拉奈克夫人并转与会各国代表团团长,邀请六国领导人或代表访华,同中国政府交换意见。不结盟六国代表经过 3 天商议后决定,由班达拉奈克夫人和印度尼西亚外交部部长先出访中国,然后班达拉奈克夫人和埃及总理出访印度。

1962 年 12 月 31 日,班达拉奈克夫人访问中国时受到中国人民的热烈欢迎,周恩来总理亲自到机场迎接,并乘坐周总理参加国庆 10 周年检阅时坐的那辆中国红旗轿车。班达拉奈克夫人是乘坐中国红旗轿车的第一位外国领导人。刘少奇主席主持欢迎宴会。毛泽东主席和宋庆龄副主席分别在杭州和上海会见了班达拉奈克夫人,中方明确表达了中国决不会要印度的一寸国土,中国希望找到一个永久解决边界问题的方法,中国政府原则上接受不结盟六国代表的提议。1963 年 1 月 8 日《中华人民共和国和锡兰联合公报》发表,指出中斯之间的经济合作、文化和宗教的交流为两国建立了友好的关系,中斯两国将继续加强经济合作,一起为亚非的稳定和世界和平做贡献。

1964 年 2 月 26—29 日,周恩来总理应邀对斯里兰卡进行了第二次友好访问。当时的中国已经是斯里兰卡最大的援助国,是斯里兰卡橡胶的最大买主,也是其大米的最大供应国。[①]在中国的支持下,斯里兰卡顶住西方的压力,将一些重要的经济部门国有化,得以进一步独立自主地发展民族经济。

第三阶段:中斯关系陷入低谷(1965—1969)

1965 年 3 月,班达拉奈克夫人领导的自由党在竞选中惨败,斯里兰卡的统一国民党在选举中获胜,组建政府。该党的对外政策在冷战期间是亲西方的,这就不可避免地对中斯关系造成了影响。另外,1966 年开始的“文化大革命”严重影响了我国的内政与外交。斯里兰卡新上台的政府恢复了 1956 年已经撤销的中国和苏联出版物禁止进入斯里兰卡这一规定,还拒绝给 2 名中国外交官延期签证,拒不同意中国新任斯里兰卡大使的提名,这一系列举措导致中斯关系的发展进入低谷。这个时期两国关系遇到了短暂的挫折,不管是政府间交往还是民间往来都大大减少。然而,中斯之间的经贸关系依旧保持活跃。

从 1966 年至 1970 年这 5 年期间,斯里兰卡对中国的出口贸易额最低为 1.95 亿卢比,最高为 2.515 亿卢比,在其出口总额中的占比最低为 9.41%,最高为 21.8%。同期斯里兰卡从中国进口贸易额最低为 1.847 亿卢比,最高为 2.893 亿卢比,

---

① 姚昱:《试析中国与斯里兰卡关系的发展》,《东南亚研究》2007 年第 1 期,第 39—44 页。

在其进口总额中的占比最低为 10.62％,最高为 12.9％。① 这超过了以往相应时期的正常水平。由此可见,中斯两国之间的经贸关系并未受到两国政治关系的明显影响。

中国对斯里兰卡的援助在这个时期虽然有所减少,但还是增加了一些新的援助项目,原有的大多数援助项目也按照计划进行。1965—1969 年,中国对斯里兰卡的援助总金额约 3000 万卢比,同期印度对斯里兰卡的援助总金额约 5000 万卢比,日本对斯里兰卡的援助总金额约 9000 万卢比,这个时期向斯里兰卡提供贷款最多的国家是美国,达 2.3 亿卢比。②

第四阶段:中斯关系重回正轨(1970—1976)

1970 年 5 月,班达拉奈克夫人再次赢得大选,再度出任斯里兰卡总理。中国也迅速抓住斯里兰卡政府更替为中斯关系改善所带来的机遇。1970 年 7 月,周恩来总理在接见斯里兰卡驻华大使时明确表示,中国对斯里兰卡新政府十分钦佩,并将尽一切努力帮助斯里兰卡新政府。在 1971 年 9—12 月举行的第 26 届联合国大会上,中华人民共和国在联合国的一切合法权利得到了恢复。1972 年,尼克松访华,中美两国发表联合公报。同年 12 月,第 26 届联合国大会通过了"印度洋和平区"的提案,该提案是斯里兰卡政府于 1964 年首先提出来的,刚刚恢复联合国合法席位的中国代表坚决投出了宝贵的赞成票。

这个时期斯里兰卡出现日益严重的经济危机,急需大量经

---

① 　林良光、叶正佳、韩华:《当代中国与南亚国家关系》,社会科学文献出版社 2001 年版,第 227 页。

② 　Hss Nissanka. *Sri Lankas Foreign Policy:A Study in Non-Alignment*. New Delhi:VIKAS Publishing House PVT LTD Press,1984,p.258.

济援助。斯里兰卡先是向国际货币基金组织（IMF）寻求贷款，由于无法满足国际货币基金组织提出的苛刻条件而被拒绝，从其他西方国家那里也只获得了很少的援助。1971 年，斯里兰卡发生了以推翻班达拉奈克夫人领导的政府为目的的大规模武装叛乱，反叛者是打着拥护马列主义和毛泽东思想旗帜的人民解放阵线组织，斯里兰卡国内反华势力利用此事大肆造谣挑拨两国关系。最后经过周总理的有效沟通和中国的真诚援助，双方进一步坚定了彼此互信的立场。

1972 年 6 月 24 日—7 月 5 日，班达拉奈克夫人再度访问中国，并由周总理陪同见到了毛主席，还亲切交谈了 1.5 小时。自尼克松访华后，毛主席还没有接见过任何一位外国领导人，毛主席的亲切接见是班达拉奈克夫人访问中国期间最难忘的时刻。1976 年 9 月，毛主席逝世，斯里兰卡政府决定全国降半旗 8 天，8 个城市举行追悼会。班达拉奈克夫人向中国儿童赠送的名为"米杜拉"（意为"朋友"）的小象成为最好的友谊象征，获得中国人民的喜爱。当时的中国克服自己的困难，依然在力所能及的范围内，向斯里兰卡提供了数量有限但援助条件极其优惠的无息贷款（均不附带任何条件），无偿提供 5 艘护卫艇，提供陆军装备，提供 10 万吨大米的长期无息贷款。

第五阶段：中斯关系平稳健康发展（1977 年至今）

在班达拉奈克夫人领导的自由党执政下，中斯关系重回正轨，此后两国关系平稳健康发展。1977 年 6 月，斯里兰卡举行第八届议会选举，班达拉奈克夫人领导的自由党惨败（在 157 个席位中，该党的席位从 90 席骤降到 8 席；1980 年，班达拉奈克夫人被控滥用职权而被剥夺公民权 7 年）。亲西方的统一国民党获得压倒性多数的席位，再度上台执政，该党主席贾亚瓦德纳就任总理。他是斯里兰卡独立运动的元老之一，1906 年出生于僧伽罗贵族家庭，1973 年成为统一国民党领袖，担任总理期间，他修改宪法，使斯里兰卡从总理制转向总统制，并成为第一位民选总统。

贾亚瓦德纳采取多项措施调整了对华政策。首先是通过大使向中国传话，表达同中国建立友好关系的意愿；随后派出贸易部部长带队的代表团访华。他更为关心的是斯里兰卡的经济发展，中斯之间的经贸合作契合了斯里兰卡发展国家经济的愿望，所以中斯两国关系依然保持平稳发展。

1978 年底，中国共产党十一届三中全会决定把党的中心工作转移到经济建设上来，这是一个转折性的战略决策，对中国内政和外交产生了重大影响。20 世纪 80 年代，随着我国改革开放的逐渐深入，中斯两国之间的贸易从原先的中国对斯里兰卡的无私援助为主，慢慢发展为中国不断加大对斯里兰卡的投资力度，从而在帮助斯里兰卡发展经济、改善民生方面发挥了重要作用。两国分别于 1982 年和 1984 年成立中斯联合贸易委员会和中斯经贸合作委员会，以推进两国之间的贸易和投资合作。

20 世纪 80 年代，两国高层领导人互访增多，先是 1984 年贾亚瓦德纳总统访华，随后 1986 年中国国家主席李先念访斯，有力地推动了中斯两国关系的发展。其间政治、经济、科技、教育、文化、医疗卫生等领域的交流与合作呈现出了全面发展的态势。1985 年 11 月，由一艘 3000 吨级的导弹驱逐舰和综合补给舰组成的中国人民解放军海军编队对斯里兰卡进行友好访问，这是中华人民共和国成立以来进行的第一次海军舰艇编队国际友好访问。

除了经济领域的友好合作外，中国在斯里兰卡国内民族和解问题上,也给予了有力的支持。自 1983 年以来,斯里兰卡僧伽罗族和泰米尔族的矛盾和冲突急剧升级。斯里兰卡总统贾亚瓦德纳的特使于 1983 年底访问中国时,中国发表声明支持斯里兰卡维护国家主权,反对外国干涉斯里兰卡内政。当印度在 1987 年介入斯里兰卡的民族冲突时,中国继续向斯里兰卡提供援助,帮助其稳定国内局势。

1994 年,库马拉通加夫人(班达拉奈克与其夫人的女儿,留法博士,1974 年起随班达拉奈克夫人从政)领导的人民联盟党上台执政。她对外积极发展与所有国家的友好关系,以寻求经济援助来改善国内脆弱的经济和处理内战。在此背景下,中国作为斯里兰卡重要的经济合作伙伴,与斯里兰卡建立了更为密切的关系。2000 年 10 月 10 日,班达拉奈克夫人突发心脏病去世,享年 84 岁。中国国家主席江泽民、国务院总理朱镕基分别致电悼念,何鲁丽特使前往斯里兰卡出席葬礼。

2001 年,两国成立了中斯商务委员会理事会。2005 年 8 月底,斯里兰卡总统到中国访问,受到中国国家主席胡锦涛的欢迎。双方形成了《中国与斯里兰卡联合公报》,强调两国在防范恐怖分子、防范国家分裂方面的高度一致性,在推动亚洲地区和平稳定等主要准则方面达成高度共识。

2005 年 4 月,中斯双方宣布建立"全面合作伙伴关系",以进一步促进两国经贸关系的发展。2007 年,在庆祝中斯建交 50 周年之际,拉贾帕克萨总统对中国进行了具有里程碑意义的访问。中斯双方强调,拓展经贸合作有利于促进两国的共同进步与繁荣,要推动两国经贸合作方面不断迈上新的台阶。2005 至 2009 年,中斯之间举行了 18 次高级别会议。2009 年,中国授予斯里兰卡"上海合作组织对话伙伴国"地位。2013 年,中斯两国决定将两国关系升级为"战略合作伙伴关系"。除了外交和经贸往来外,在斯里兰卡内战期间,中国坚决支持斯里兰卡维护国家主权和领土完整。

中斯民间交往对促进两国友好关系的发展发挥着重要作用。2001 年,中斯两国成立"斯中青年记者论坛",其于 2008 年改名为"斯中记者论坛",为加强和增进两国人民之间的相互了解和友谊发挥了重要作用。2005 年,中斯两国旅游主管部门签署旅游合作谅解备忘录。2005 年 6 月,中斯两国航空公司开通科伦坡—北京航线,之后开通科伦坡—上海航线、科伦坡—昆明航线和科伦坡—广州航线等多条航线。2005 年,中国教育部与斯里兰卡教育部同意在斯里兰卡合作建立孔子学院。2007 年,斯里兰卡凯拉尼亚大学孔子学院成立,这是在斯里兰卡建立的第一所孔子学院,推动了斯里兰卡汉语教学的发展,有利于两国人民增加了解,增进友谊。

2013 年 10 月 3 日,中国国家主席习近平在印度尼西亚国会上发表重要演讲,东南亚地区自古以来就是"海上丝绸之路"的重要枢纽,中国愿同东盟国家加强海上合作,使用好中国政府设立的中国—东盟海上合作基金,发展好海洋合作伙伴关系,共同建设"21 世纪海上丝绸之路"。

"21 世纪海上丝绸之路"不仅是贸易之路,还是能源通道,其畅通与否关系到中国的能源与发展安全。"21 世纪海上丝绸之路"是和平与繁荣之路,建设好"21 世纪海上丝绸之路",离不开安全、顺畅的海上通道,也离不开可靠、安全、重要的关键节点国家。2015 年发布的《推动共建丝绸之路经济带和 21 世纪海上丝绸之路的愿景与行动》指出,海上以重点港口为节点,共同建设通畅、安全、高效的运输大通道。用节点代替支点,更好地体现强调共商、共建、共享、合作、和平、繁荣的本意,而斯里兰卡就是关键节点国家之一。关键节点国家有如下几个特点:

一是具有重要的地缘价值,一般是那些处于国际贸易、能源运输关键航线上的国家;二是要与我国政治关系稳定,关键节点国家应与我国保持长期的战略互信;三是与我国经济交往密切,应与我国保持长期、紧密的经济合作关系;四是要与我国在安全领域形成制度化的协同合作;五是文化民心相互包容。①斯里兰卡情况符合关键节点国家的 5 个基本属性要求。

斯里兰卡的重要性随着"21 世纪海上丝绸之路"建设的推进而日益凸显:首先,斯里兰卡是关键节点国家,在斯里兰卡的投资成功有助于建设通畅、安全、高效的运输大通道,并产生积极的示范、引导和激励效应,进而有助于"21 世纪海上丝绸之路"在其他国家的顺利开展;其次,斯里兰卡处于印度洋中心这一关键地理位置,是中、美、印、日四国在印度洋博弈的重要平台,保持在斯里兰卡的影响力可以增强我国在印度洋的影响力,有助于保护我国在印度洋的合法利益。

中斯两国投资经贸往来

2007 年 2 月,中斯签订《中华人民共和国商务部投资促进事务局与斯里兰卡民主社会主义共和国投资局双向投资促进合作谅解备忘录》,中国对斯里兰卡的投资呈现快速增长态势。到 2013 年,斯里兰卡接受外资投资总额为 20 亿美元,其中40%来自中国,中国成为斯里兰卡最大投资来源国。中国在这一时期对斯里兰卡的主要投资项目,包括从 2007 年开始建设的位于斯里兰卡普特拉姆的燃煤电站。该工程一期由中国银行贷款 4.45 亿美元,于 2007 年 8 月开工,2011 年 3 月落成,

---

① 祝哲:《新战略、新愿景、新主张——建设 21 世纪海上丝绸之路战略研究》,海洋出版社 2017 年版,第 116 页。

二、三期工程 2009 年开始,合同金额 8.9 亿美元。2009 年 8 月,中国进出口银行与斯里兰卡政府签署总额为 2.482 亿美元的协议,用于建设科伦坡—卡图纳亚克高速公路。2009 年,中国进出口银行向斯里兰卡提供总额 61 亿美元的贷款用于斯里兰卡的战后重建,这笔贷款比斯里兰卡的传统援助国印度、日本及美国提供的贷款总额还要多。继 2010 年的诺罗齐科来煤炭火力发电厂、2012 年的汉班托塔国际机场、2013 年的科伦坡南集装箱码头与科伦坡国际机场高速公路之后,2014 年 9 月科伦坡港口城项目破土动工,2015 年汉班托塔港建设完成,2017 年中斯工业园在汉班托塔奠基。

　　自 2013 年以来,中斯的经济关系以贸易合作为主,但斯里兰卡对华贸易长年保持较大逆差,两国双边贸易不平衡被视为双边利益分配失衡的表现。两国贸易失衡不是中国单方面导致的,是市场运行的结果,但在一定程度上,这导致了中国与斯里兰卡的经济合作的平等性受到了外部力量的质疑。2014 年 9 月 16 日,中斯两国在科伦坡共同签署《关于启动中国—斯里兰卡自由贸易协定谈判的谅解备忘录》。中斯之间的贸易总额不断扩大,但斯里兰卡对华贸易逆差依然较严重。中国从斯里兰卡进口的主要产品有橡胶及其制品、红茶、宝石和椰油等,主要出口产品有纺织品、机电产品、建材、小五金、医药等。尽管斯里兰卡需要中国的进口商品,但还是采取了更多措施来纠正贸易不平衡。斯里兰卡出口发展委员会已经认可了 500 多种斯里兰卡具有比较优势的产品,绝大部分是中国无法生产的,名单上有相当一部分产品尚未出口到中国。因此,斯里兰卡具有通过将新产品引入中国市场来增加出口能力的巨大潜力。当前阶段,中斯两国的经济合作主要围绕基建和能源展开,未来中国会通过多种渠道帮助斯里兰卡提高现代工业水平,挖掘其产业潜力,丰富其具有竞争力的出口产业。

斯里兰卡和中国谈判的自由贸易协定,将为两国提供更多互利贸易,并有可能弥补贸易逆差。斯里兰卡是南亚地区目前唯一与印度和巴基斯坦都签订了自由贸易协定的国家,4000余种商品享受免税待遇,中斯自贸区的建设能为中国国内企业间接打开南亚市场。斯里兰卡还与欧盟签订了超普惠制待遇协定,7200多种产品进入欧盟市场可以享受免关税待遇,这也为中国企业间接性免税进入欧盟市场提供了机会。

2018年12月,联合国粮食及农业组织、中国和斯里兰卡签署了南南合作三方协议。这个南南合作项目旨在帮助斯里兰卡促进本国水果作物的生产,优化产业链。中国一直是南南合作的积极参与者和主要贡献者,向南南合作计划提供了8000万美元以支持南方国家之间的知识共享和技术转让。

民心相通的软实力构建

"软实力"这一概念是由美国著名国际政治学者约瑟夫·奈提出来的。他认为,如果一个国家有吸引力,则其他国家将更愿意追随这个国家所倡导的政治主张,这与命令他者按照其意愿行动的硬权力形成了对照。一个国家对另一个国家的认可和接纳,很大一部分来自双方对彼此文化和价值观的认同。古丝绸之路是古代东西方商贸往来和文明交流的大通道,是沿线各国共有的珍贵历史文化遗产和集体回忆。因此,我国提出的"一带一路"倡议旨在唤起相关国家的历史记忆,使之更容易被接受。民心相通作为"一带一路"建设的主要内容,所体现的正是我国对于软实力的一种构建。"21世纪海上丝绸之路"倡议如果得不到所在国民众的支持,就会对一些项目的建设实施产生非常不利的影响。中国在斯里兰卡主要通过以下途径构建民心相通的软实力。

通过民间组织和社会团体开展大量公共外交活动。"斯中友好协会"就是中斯之间开展公共外交的一个成功案例。该协会创立于1950年,创立以来一直积极致力于发展中斯友好关系。2001年中斯两国成立"斯中青年记者论坛",2008年改名为"斯中记者论坛",该组织为加强两国人民之间的相互了解和友谊发挥了重要的作用。2004年底印度洋海啸发生后,除了中国政府向斯里兰卡提供海啸专项援助外,在大量民间组织和社会团体的努力下,中国的多支医疗队赴斯开展救援工作,民间亦踊跃捐款,援建了"中斯友谊村"和"红十字村"。同样,当中国遇到重大自然灾害时,斯里兰卡从政府到民间都会在第一时间送来慰问和关心。2008年四川汶川特大地震发生后,斯里兰卡总统拉贾帕克萨、总理维克拉马纳亚克等分别来电慰问,向我国地震灾区捐赠1277顶帐篷和价值约合110万美元的物资。2010年青海玉树地震发生后,斯里兰卡总统拉贾帕克萨、总理维克拉马纳亚克等也在第一时间来电慰问。

佛教在中斯文化交流中发挥着重要作用。1978年斯里兰卡宪法赋予佛教"最优先的地位",中斯两国围绕佛教开展的交流活动,可以对公众乃至在国家层面产生重要影响。作为一个佛教国家,斯里兰卡一直拒绝西藏达赖喇嘛访问,坚定执行"一个中国"政策。

多层面、多类型的教育培训合作有力地促进了交流,使中斯民心相通。2005年,中国教育部与斯里兰卡教育部同意在斯里兰卡合作建立孔子学院。2007年,斯里兰卡凯拉尼亚大学孔子学院成立,这是在斯里兰卡建立的第一所孔子学院。在2013年5月发表的《中华人民共和国与斯里兰卡民主社会主义共和国联合公报》中,两国决定建立双边青年交流和互访机制,中国愿通过多种渠道向斯里兰卡提供奖学金名额。2014年9月,习近平主席访问斯里兰卡期间,北京外国语大学与科伦坡大学签署谅解备忘录,建立中国斯里兰卡研究中心和孔子学院,并设立联合学位课程和奖学金。

大力发展旅游业是中斯两国人民增进了解的重要举措,旅游业的发展有效增进了两国人民的友好交流。2003年,斯里兰卡正式成为中国公民出国旅游目的地国。2005年,中斯两国旅游主管部门签署旅游合作谅解备忘录,随即中斯两国航空公司开通了科伦坡—北京直飞航线,之后又开通了科伦坡—上海航线、科伦坡—昆明航线及科伦坡—广州航线等。2011年,斯里兰卡访华3.8万人次,到2017年,有约30万人次中国游客赴斯里兰卡旅游,中国游客人数仅次于印度游客数量,成为斯里兰卡第二大客源国。旅游业在促进斯里兰卡经济发展的同时,促进了两国友好关系的发展。

中国民间的“古锡兰公主”:中斯一家人

一段始于明朝、颇富传奇性的中斯友谊,经历几百年世事变迁,依然延续了下来。事情要追溯到1459年(天顺三年),当时的锡兰低地僧伽罗王朝的王子世利巴交喇惹亲自带队向明朝进贡。他沿着古丝绸之路航行来到我国,在福建泉州登陆,由在泉州任职的官员郑远接待。郑远是郑和的堂侄,曾经作为随从跟着郑和下西洋,到过锡兰,受到国王和王子的热情款待。郑远派人护送锡兰王子进京朝见明英宗,英宗龙颜大悦,不仅回赠很多礼品给锡兰,还特许锡兰王子在中国旅行考察,不过王子对我国北方气候水土不服,导致疾病缠身,遂在泉州养病,这一耽搁就是好几年。

1466年,当王子病愈准备回国时,老国王突然病故,宫廷发生政变,王子的堂兄篡位,将老国王的血脉杀害殆尽,并派出杀手远赴中国寻找王子,想要斩草除根。王子无家可归,只能在郑远的帮助下定居泉州,为隐藏身份,以"世"为姓氏,联姻许姓官宦之家。王子一脉在泉州繁衍生息 5 个多世纪,传到许世吟娥这一代,已是第十八代。

早在 1986 年,斯里兰卡就派代表团来我国访问,并希望中国能够帮助他们寻找失踪的锡兰王子后裔的下落,他们明确这位王子最后落脚的地方是福建泉州。中国接受了斯里兰卡的请求,尽最大努力帮助他们寻找。1996 年,福建泉州海外交通史博物馆的工作人员刘志成在清泉山上无意间发现了一块石板,上面刻着"世家坑"三个字,这便成为揭开谜底的重要线索。世家坑的建造与锡兰的风格类似,上面还刻有"锡兰使臣"的字样。隐姓埋名 5 个多世纪的世家子孙,看到祖坟面临被挖掘考古,忧思不已,第十八代子孙许世吟娥最终公布了自己的身份,提供了世家族谱等原始资料。

经斯里兰卡和我国考古学家鉴定确定,世家坑确为锡兰王子墓地。2002 年,斯里兰卡政府官员及考古学家先后数次来到泉州,拜访许世吟娥和锡兰王子古墓群。经过反复求证,确定了许世吟娥正是锡兰王子的后裔。同年 6 月,斯里兰卡政府向许世吟娥发出正式邀请,许世吟娥在中国外交部人员陪同下到访斯里兰卡。斯里兰卡政府高度重视"古锡兰公主"的到来,每天都有部长级的人物陪同观光,多辆警车护卫,斯里兰卡电视台、报刊等各大媒体每天都进行大篇幅的追踪报道。许世吟娥一行参观了康提寺、狮子岩、锡兰王子父母墓等古迹,其间,当地贵族和民众争相与这位"古锡兰公主"合影。许世吟娥还将从泉州带去的树苗亲手种植在斯里兰卡国家公园,取名为"中斯友谊常青树"。旁边则是美国时任总统小布什和俄罗斯总统普京等国家元首种植的一排国际友谊树。2009 年 7 月,斯里兰卡驻华大使来泉州参加"郑和航海节",专门拜访了许世吟娥,两人相谈甚欢。不久,斯里兰卡首都科伦坡与泉州市结为友好城市。

下篇

中斯经贸 砥砺前行

中国在斯里兰卡的投资建设

　　"21世纪海上丝绸之路"沿线绝大多数国家都是发展中国家,面临的主要任务就是发展经济,而落后的基础设施严重制约了这些国家的经济发展。2014年世界银行曾估计,要达到南亚的经济发展目标,需要在接下来的10年中为交通、电力、通信、环境卫生、供水和灌溉系统提供2.5万亿美元的资金。[①]与此同时,东南亚也面临巨大的基础设施缺口。高盛亚太地区首席经济学家安德鲁·蒂尔顿估计,东南亚地区到2020年将面临5500亿美元基础设施资金的需求。世界经济论坛发布的《2015—2016年全球竞争力报告》显示,全球基础设施竞争力指数平均值为4.02,在"一带一路"沿线国家中,只有29个国家达到了平均值,占比不到一半。[②]

　　根据亚洲开发银行的估计,2010—2020年,亚洲地区要想保持目前的经济增长水平,还需投入8万亿美元用于基础设施建设,可见亚洲地区基础设施融资需求相当巨大。[③]对中国周边发展中国家来说,如果能将中国富余的产能加以合理利用,

---

　　① http://www.worldbank.org/en/news/feature/2014/04/02/south-asia-trillion-infrastructure-gap.

　　② 何帆、朱鹤、张骞:《21世纪海上丝绸之路建设:现状、机遇、问题与应对》,《国际经济评论》2017年第5期,第116—133页。

　　③ 薛力:《"一带一路":中外学者的剖析》,中国社会科学出版社2017年版,第165页。

则可以实现共赢。作为世界产能大国,中国庞大的产能储备使其不可避免地要面对"去产能"的严峻挑战。同时中国的基础设施建设在过去几年经历了跨越式发展,相关技术基本达到了世界顶尖水准,攻坚克难的能力更是赢得了各国的一致认可。帮助沿线国家改善基础设施,不仅可以帮助相关企业消化掉部分过剩产能(如钢铁、水泥、电解铝等),还有利于促进人民币国际化发展。

长期以来,亚洲地区基础设施融资主要由日美主导的亚洲开发银行和世界银行牵头,但这 2 家银行远远无法满足建设需求。以 2015 年为例,亚洲开发银行和世界银行对亚洲基础设施的投资仅占所需总额的 2.5%。面对巨大的缺口,中国需要"走出去",加大对这些地区的投资。2013—2018 年,中国企业对沿线国家直接投资超过 900 亿美元,在沿线国家完成对外承包工程营业额超过 4000 亿美元。[①] 我国对外承包工程大项目多,且主要集中在交通运输建设和电力工程建设行业,这些项目的实施,有效改善了东道国基础设施条件,带动当地发展作用明显。

2009 年内战结束后,斯里兰卡为实现国家重建和发展,总统马欣达·拉贾帕克萨提出要把斯里兰卡打造成航运、航空、商业、能源中心的发展目标,即"马欣达愿景"。2013 年底,斯里兰卡政府以"马欣达愿景"为指导,制定了斯里兰卡未来经济发展的纲领性文件——《不可阻挡的斯里兰卡——2020 年未来展望和 2014—2016 年公共投资战略》。该规划是斯里兰卡中短期经济社会发展的行动指南,明确了发展方向、目标、战略和具体发展项目。

---

① https://www.yidaiyilu.gov.cn/zchj/qwfb/86697.htm.

（1）总体目标：实现经济跨越式发展，将斯里兰卡打造成为在全球范围内具有重要战略意义的经济中心、现代亚洲丝绸之路上的一颗明珠。充分利用地缘优势，将斯里兰卡建设成为国际航运、航空、旅游和商业、能源、知识经济五大中心，成为联结东西方的重要枢纽。

（2）继续维持社会稳定，加快基础设施和民生工程建设，加大对电力能源、清洁用水、教育卫生事业的投入，提高国民生活质量，尊重和保护斯里兰卡传统文化。政府将维持每年 GDP 总额的 6% 的公共投资，努力将财政赤字控制在 5% 以下，保持金融稳定性。

（3）发展出口导向型和进口替代型经济，采取不断改善投资环境、出台优惠政策、提供投资便利化等措施，大力吸引私营部门和外国投资，推动国有企业改革，为经济持续快速发展创造条件。私营部门和外国投资将被引入港口相关行业、服务业、旅游业、信息技术产业、技能培训、城市综合开发、农业和制造业等领域，特别是利用国内资源和现有产业实现产品附加值的出口行业。

（4）促进包容性增长，实现每个家庭增收，保障贫困人口和弱势群体社会福利，使所有社会成员能够平等地对经济增长做贡献，并分享经济增长带来的福利。

（5）完善城市间互联互通网络，将科伦坡、汉班托塔、亭可马里和贾夫纳等主要城市建设成为全球商务港，促进康提、加勒、阿努拉德普勒、波隆纳鲁沃、库鲁内格勒、丹布勒、拉特纳普勒、纽日利亚、拜蒂克洛等城市的发展。加快大城市间快速交通建设，发展公共交通、交通运输网络、公共服务设施和娱乐休闲设施。

（6）提高种植园产业的产品附加值，鼓励持续耕种，采用现代技术和耕作方式,丰富农产品种类,提高市场营销能力。采取提高进口农产品税率、改进金融服务、完善农产品价值链和农业科研等措施,保护和促进农业发展。引导社会资本加大对农业、畜牧业、家禽养殖业和渔业的投资。

(7)加快干旱地区水资源项目建设,建设新的水利设施,提高水库的蓄水能力和水资源利用率。加快清洁供水基础设施建设,减少无收益水损耗,提高安全饮用水覆盖率。加强水务管理体系建设,完善水价机制。

(8)加大电站、输变电等基础设施建设,提高能源利用效率和储能能力,降低输电损耗,提高电网的电气化率。加快对风能、太阳能等非传统可再生能源的开发利用。

(9)扩建和更新现有炼油厂设施,扩建油品存储设施,改进和更新现有管线,拓宽石油进口渠道,满足日益增加的航空煤油需求。

(10)通过扩建科伦坡港、新建汉班托塔港,进一步增强国际航运能力,大力发展海洋经济。通过吸引投资,加快港口基础设施建设,发展临港产业。

(11)实施出口优先战略,挖掘出口工业潜能,提高茶叶、成衣、橡胶、椰子制品、香料、计算机软件、机械设备、陶瓷、宝石等优势出口产品附加值,增强出口产能和国际竞争力。鼓励发展汽车组装、汽车配件、电子零部件、化工、电气设备等高端制造业,扩大对南亚国家出口。加快与中国、日本等国自由贸易协定的谈判进程,简化关税结构,鼓励创新研发,发展重工业,推进产业结构升级,开拓国际市场。

(12)吸引高端游客,增加旅游外汇收入。丰富旅游产品种类,发展生态旅游、文化旅游、农业旅游、健康旅游、探险运动旅游等拳头产品,吸引对酒店业和旅游服务业的投资。

（13）完善国家路网，加快高速公路建设，推进省道和农村公路建设。修缮、扩建或新建机场、桥梁、码头、铁路等基础设施，提高路网的利用率。

（14）提高医院网络、医疗设备和其他设施建设水平，提供先进的医疗服务。建设具有国际水平的现代体育设施，发展体育旅游和水上运动项目。促进体育产业发展，鼓励投资体育服装和装备制造业。

2014年，中国国家主席习近平出访斯里兰卡时强调，中国人民正在努力实现中华民族伟大复兴的中国梦，斯里兰卡提出了国家振兴发展的"马欣达愿景"，双方奋斗目标相互契合。中方愿以建设"21世纪海上丝绸之路"为契机，同斯方加强在港口建设运营、临港工业园开发建设、海洋经济、海上安全等领域合作，探讨并确定先行先试项目，实现早期收获。"马欣达愿景"重点建设"两翼一廊"。"两翼"是将科伦坡打造为南亚的商务中心，将汉班托塔打造为国际航运中心，"一廊"指将南部高速公路周边地区发展成为经济走廊。西里塞纳政府执政期间还在此基础上提出了斯里兰卡的"2025愿景"。

斯里兰卡的国家实力在南亚地区处于中游，国家发展需要大量资金和产能的投入。由于国家基础设施建设具有时间长、投入大、回报低的特点，斯里兰卡是无法依靠自身力量快速实现其目标的。在共建"21世纪海上丝绸之路"的过程中，中国给予斯里兰卡的贷款不附带任何政治条件，不将中国发展模式强加于人。依托基础设施建设能力和强大的制造业优势，中国企业帮助斯里兰卡建设了一大批先进的基础设施。中国企业以开放合作、互利共赢和包容式增长为目标在斯里兰卡投资了大量基础设施建设项目，这一切自然离不开斯里兰卡为中国投资项目提供的良好政策环境和社会舆论环境。

接下来介绍一些中国企业投资建设的成功项目。

重大基础设施建设项目

科伦坡港

科伦坡港又名科伦坡港人工港，是世界上较大的人工港口之一，也是欧亚大陆、太平洋和印度洋地区的世界航海线的重要中途港口之一。科伦坡港始建于 1912 年，但其作为世界性的港口已有 400 多年的历史了。早在 8 世纪时，科伦坡就已经成为商贸重镇；14 世纪时，中国商人频繁来到科伦坡进行商贸活动；19 世纪时，英国在斯里兰卡实行殖民统治，修建了科伦坡港。

2011 年，中国招商局集团获得科伦坡港国际集装箱码头特许经营权，不到一年半的时间就建成迄今为止南亚地区唯一深水集装箱码头。从 2013 年科伦坡港翻新开港运营以来，码头业务增长迅猛，带动整个科伦坡港在不景气的世界航运市场中逆势上扬，使其在世界港口中的排名从第 34 位提升到第23 位。

目前科伦坡港港区面积达到 24000 平方米，共有 2 个港区入口，港口水深在 9～11 米，条件优良，适宜停靠大型、超大型船只，可同时停放 40 艘超大型船只及若干中小型船只。港口在西南面、东北面、西北面分别有 3 道防波堤，一面向海，位置绝佳，方便船只进出。装卸设备有各种岸吊、汽车吊、门式集装箱吊（最大起重能力为 35 吨）、铲车及输油管（燃油每小时装卸500 吨，原油每小时装卸 1000 吨）。铁路线可以直通码头进行装卸作业。码头还有专用的卸粮设备，可将面粉直接装进工厂，每小时卸 200 吨。

科伦坡港口城项目

科伦坡港口城项目由中国交通建设股份有限公司(CCCC)与斯里兰卡国家港务局共同开发,于 2014 年 9 月破土动工。根据规划,将填海造地 269 万平方米,规划建设规模 565 万平方米,包括酒店、办公楼、住宅、商场等配套设施,欲打造南亚地区第一个高端中央商务区。该项目计划用 5～8 年形成初步规模,预计 2025 年全部建设完成。工程直接投资 14 亿美元,带动二级开发投资约 130 亿美元,是斯里兰卡目前最大的外国直接投资项目,将为斯里兰卡创造超过 8.3 万个就业岗位。港口城里面的金融城将填补新加坡和迪拜之间的金融真空,成为整个南亚地区的金融枢纽,未来可提供非常多的就业岗位。

2015 年初,西里塞纳当选总统后单方面暂停科伦坡港口城项目并对其重新进行审查,该项目一度被迫停工,引起群众抗议。西里塞纳政府很快就意识到中国的巨额投资是印度及其他西方国家所不能匹敌的。在中斯两国政府和企业的共同努力下,2016 年 8 月,重新签署三方协议,中国公司获得一定补偿后撤回了 1.25 亿美元的赔偿要求,同年 9 月项目正式复工。但斯里兰卡政府还是决定,该项目中划归中方使用的土地将全部改为租赁 99 年,取消之前协议中 0.2 平方千米土地中方拥有永久产权的条款。

科伦坡港口城项目于 2016 年 9 月复工后,为尽快完成填海造地工程,中国交通建设股份有限公司动用 4 艘超大型高科技耙吸式挖泥船,不分昼夜工作。2019 年 1 月 16 日,伴随着 3 声长长的笛鸣声,最后 1 艘承担填海吹沙任务的大型挖泥船"新海龙"号停止管吹。随后,中国港湾科伦坡港口城项目公司总经理江厚亮宣布,科伦坡港口城 269 万平方米吹填土地已全部形成。

首都科伦坡，远处为中国交通建设股份有限公司填海造地区域/刘咏秋摄

汉班托塔港项目

汉班托塔港位于斯里兰卡的最南端，区位优势明显，距离国际航运主航线最近处仅 10 海里，全球约 85％的集装箱途经此处，承担着重要的中转任务。该港口附近海面宽阔，具备成为南亚第一大港的潜力，加之其广阔的土地，还可以进一步扩大建设规模，因此一旦运营，将刺激当地多个产业的发展。除了贸易以外，建设产业基地也是外向型经济发展的有效途径。总统拉贾帕克萨执政期间，斯里兰卡在寻求印度和美国援建无果的情况下，获得中国的帮助，开始建设汉班托塔港。项目于 2015 年底竣工。建成后的汉班托塔港拥有 8 个 10 万吨级泊位和 2 个 2 万吨级泊位。

自 2012 年 6 月 6 日汉班托塔港正式向国际航运开放以来，印度成为首批获益的国家，来自其国内的 1000 辆进口汽车成为港口处理的首批货物。2018 年上半年，汉班托塔港吸引 142 艘船舶在码头停靠，超过 2017 年停靠汉班托塔港的船舶数量总和。2018 年 4 月，日本自卫队"曙"号导弹驱逐舰停靠汉班托塔港，这也是首艘外国军舰停靠汉班托塔港。外国军舰能否访问该港由斯方决定,中国的招商局港口控股有限公司只拥有汉班托塔港经营权。

中国的招商局港口控股有限公司于 2017 年 7 月获得汉班托塔港 99 年特许经营权。根据协议,中斯双方成立 2 家合资公司,汉班托塔国际港口集团有限公司负责该港的商业管理运营,汉班托塔国际港口服务有限责任公司负责该港的行政管理运营。中资在 2 家合资公司中的总占股比例达 70％,并可租用 1.5 万英亩(约 60.7 平方千米)的土地用以建设工业园。2017 年,中斯工业园在斯里兰卡的汉班托塔奠基,汉班托塔工业园占地约 50 平方千米。中国按计划将向斯里兰卡工业园投资 50 亿美元,有望为斯里兰卡带来 10 万个工作岗位,帮助当地经济发展。在不到 1 年的时间里,汉班托塔地区的土地价值增加了 3～4 倍。

涉及国计民生的其他基础设施建设项目

普特拉姆燃煤电站

普特拉姆燃煤电站是斯里兰卡第一座燃煤电站,斯里兰卡面额 100 卢比的图案就是普特拉姆燃煤电站,足见该电站对于斯里兰卡国家发展的重要性。它由中国机械设备股份有限公司承建,由中国进出口银行提供总额为 13 亿美元的贷款。项目从 2007 年开始建设,2014 年开始运营,供应了斯里兰卡全国 50％的电量,被誉为斯里兰卡的"三峡工程"。2013 年亚洲开发银行的一份报告中提到,斯里兰卡经济增长的一个重要保障因素就是有了持续发展的电力供应系统。

普特拉姆燃煤电站的中国建设者/刘咏秋摄

"南方高速公路"

2011 年 11 月 27 日,连接科伦坡和加勒的"南方高速公路"举行通车仪式,这是斯里兰卡国内第一条高速公路,全长 120多千米。这条被斯里兰卡人称为"梦想之路"的高速公路,同样凝聚着中国工程建设者的智慧、艰辛和汗水,项目第一标段全长 34.5 千米,由中国港湾工程有限责任公司承建。当地舆论认为,"南方高速公路"的开通,打开了斯里兰卡民族团结和经济繁荣的大门。拉贾帕克萨总统表示,这条路是"通往奇迹的门户",通过道路网络把斯里兰卡人民联系在一起,是促进经济发展和民族和解的最好手段。

莫勒格哈坎达水库

莫勒格哈坎达水库位于斯里兰卡中部,主要为斯里兰卡中北部地区提供安全的生活和工业用水,改善用电条件,促进斯里兰卡经济和社会发展。它是中国电力建设集团有限公司在斯里兰卡承建的第一个大型水利枢纽项目。该项目于 2012 年7 月开工建设,2017 年全部完工。

基建投资面临的风险

近年来,中方的投资大多汇集于基础设施建设和能源领域,基本采取了中国贷款和中国企业承包建设的模式。由于对斯里兰卡当地社会环境缺乏详尽的实地考察,中国投资项目拉动的社会福利促进效应不如预期,甚至在工程建设中出现了征地拆迁方面的争议,斯里兰卡公民对中斯合作的平等性提出了一些质疑。2015 年,中国在斯里兰卡投资建设的项目被集体暂停以及 2017 年 1 月汉班托塔港交付期间的公众抗议活动,都从侧面反映了斯里兰卡对于两国经济合作结构失衡的高度关注与深切疑虑。现在我国企业在斯里兰卡投资或承建的大多为大型基建项目,投资决策的一个重要考虑因素仍是东道国的政局变动或所采取的政治性措施变化引起的政治风险。斯里兰卡的国内政治生态变化以及复杂的地缘干扰都给项目建设带来一定的风险,同时项目本身在建设过程中也会存在这样或那样的问题。

早在 1986 年,中斯两国为创造良好的投资环境、促进经济合作,签署了《中华人民共和国政府和斯里兰卡民主社会主义共和国政府关于相互促进和保护投资协定》,中国在斯里兰卡的大量基础设施投资受到两国投保协定的保护。然而,在斯里兰卡开展投资建设的中资企业,依然要多举措构建稳定和谐的关系。这样做不仅有利于中国在斯里兰卡的投资建设顺利进行,还可为中斯两国关系的发展奠定良好的基础。

一是要加强与斯里兰卡各党派的联系。由前面的分析可知,斯里兰卡的选举政治中很容易出现在野党为了反对而反对这一现象。比如汉班托塔港项目,执政党在其执政期间大力支持,但成为在野党后则反对该项目。因此,我国企业不仅要与执政党保持友好关系,也要与在野党保持友好关系,避免我国的投资项目成为斯里兰卡国内政治斗争的牺牲品。我国企业在与斯里兰卡各党派沟通时,首先要提高项目的透明度,明确项目的具体实施方案,合理规避风险;其次要阐明我方的原则和底线,维护正当合法权益。

二是拓宽投资援助领域。目前我国在斯里兰卡的投资大多集中在基础设施建设领域,可以借鉴日本在斯里兰卡的投资援助经验。日本企业对斯里兰卡官员进行培训,还在教育、医疗、卫生等方面进行了广泛的投资和援助。这些基于软实力建设的项目,成本相对较低,风险相对较小,但效果极为明显。

三是懂得与媒体打交道。中资企业应重视当地媒体的舆论力量,善于与媒体打交道,积极主动引导舆论,展示中资企业的良好形象。2015年,由中国交通建设股份有限公司投资建设的科伦坡港口城项目面对少数媒体的刻意不实报道,项目公司及时主动发声澄清事实,利用当地主流媒体进行正面宣传引导,积极维护在斯形象和企业自身合法利益,消除社会的误解。

四是传播中国传统文化。中资企业不仅要成为双边经贸合作的建设者,也要成为两国文化交流的使者,成为中国传统文化在斯里兰卡的传播者。中资企业要充分尊重、了解当地习俗,尊重宗教人士,在当地开展投资合作时也要注重弘扬中国传统文化,提升民心相通的软实力。

斯里兰卡投资风险与规避

斯里兰卡投资风险

主权债务风险

主权债务是指一国以自己的主权为担保向外(不管是向国际货币基金组织、世界银行,还是向其他国家)借来的债务。历史上出现的影响较大的主权债务违约案例有:20 世纪 90 年代阿根廷主权债务事件(2000 年的外债是国家外汇收入的 4 倍以上,政府无力偿还,最终宣布对所有债务进行违约,随后货币大幅贬值)、2009 年 11 月发生的迪拜主权债务违约事件等。主权债务是斯里兰卡长期面临的一大难题,也是最大的经济风险来源。

斯里兰卡的经济增长模式从 2005 年起转向债务融资型增长模式,在拉贾帕克萨执政期间,为打击"猛虎组织"及进行内战后经济建设,不断扩大政府公共支出,积累了巨额外债,在短短 10 余年的时间内,斯里兰卡的外债规模增长了 1 倍以上。除了通过常规渠道筹集大量政府债务之外,斯里兰卡国有企业还有大规模商业贷款。据官方估计,2021 年,斯里兰卡所欠债务总额约 507 亿美元,占全国 GDP 的比例约为 60%,超 9 成以上的政府收入需要用于偿还债务及利息。斯里兰卡近几年的负债率远高于国际安全线标准,同样高于印度、巴基斯坦、马来西亚和泰国的债务与 GDP 比率。

债务比率是本年度债务余额与本年度产品和劳务收入总和之比。国际安全比例为100％，一旦债务比率超过100％，意味着该国的债务负担过重。斯里兰卡的债务比率在2009年以后就一直高于200％，2017年甚至一度高达271％。偿债率是指当年的还本付息额与当年出口创汇收入额之比，是分析、衡量外债规模和一个国家偿债能力大小的重要指标。国际上一般认为，一般国家的偿债率的警戒线为20％，发展中国家为25％，危险线为30％。当偿债率超过25％时，说明该国外债还本付息负担过重，容易陷进入"借新债和偿还旧债"的恶性循环中，而2016年斯里兰卡的偿债率是34.2％。

近年来，尽管斯里兰卡政府一直在努力控制财政赤字水平，公共外债占GDP的比重有所下降，但一直未低于70％，表明该国公共债务压力依然很大。其外债总额已经长年远高于其国际储备。不过，斯里兰卡的外债绝大多数为中长期外债，短期外债规模很小，短期偿付风险较低。2015年底，斯里兰卡的短期外债总额仅1560万美元，占外债总额的比重不足0.06％；但中长期外债总额达到248.6亿美元，占比95.4％，表明该国短期偿付风险相对较低，但长期偿付风险相对较高。

国际收支与汇率波动风险

斯里兰卡经济状况长期受到贸易逆差的困扰。根本原因在于该国的经济结构失衡，工业发展水平较低，需要大量进口。同时，斯里兰卡国内没有石油储备，全部依赖进口来满足其燃料需求，也加剧了其国际收支的失衡。因此，尽管斯里兰卡服装等行业的快速发展拉动其出口贸易总体实现较快增长，但随着经济的发展和居民收入的增加，国内需求强劲增长，该国进口增速高于出口增速，贸易长期处于逆差状态。不过，从2012年起，斯里兰卡赤字得到改善，赤字规模不断下降。主要原因包括:一是 2012 年起斯里兰卡政府采取一系列措施,如提高货物关税和加征 10%黄金进口税等,以遏制进口金额扩大和外汇流失;二是服务贸易顺差扩大,海外工人付汇增加;三是能源价格大幅走低降低了进口成本,同时部分抵消了国内需求强劲增长对进口额增长的拉动作用。由此可见,斯里兰卡经常账户赤字状况会受到诸多风险因素的干扰:能源价格、居民收入增加和信贷增长对进口需求的推升、外需出口前景等。此外,由于大量外资涌入,斯里兰卡资本项目长期保持顺差,但政权交接及美联储加息等因素带来了资本流入前景的不确定性,这也是影响未来该国国际收支状况及宏观经济走势的重要风险因素。

斯里兰卡国际收支账户面临较大压力,特别是政府动用大量外汇储备来维持汇率,致使国际储备波动明显。斯里兰卡中央银行数据显示,该国国际储备额从 2011 年 7 月的 81 亿美元大幅跌至 2012 年 4 月的 58 亿美元,仅能满足斯里兰卡 3.4 个月的外汇需求。但随后得益于国际货币基金组织 26 亿美元援助贷款计划安排和经常账户的改善,中央银行的国际支付压力得到暂时缓解,到 2014 年底,国际储备额升至 82 亿美元,可满足 5.1 个月的进口付汇要求。不过,2015 年,受斯里兰卡卢比大幅贬值、出口下降等不利因素影响,斯里兰卡国际储备有所下降,一度降至 65 亿美元。

2009—2011 年,斯里兰卡卢比汇率始终能保持在 1 美元兑换 110～115 卢比之间。2012 年,因为经常账户逆差扩大,斯里兰卡卢比贬值压力陡增,斯里兰卡中央银行因无法维持固定汇率制,转而实行有管理的浮动汇率制,允许在更大程度上由市场决定卢比汇率,以缓解外汇储备快速萎缩带来的压力,自此卢比对美元汇率一路走低。特别是 2013 年后,美联储退出量化宽松,新兴市场国家资本外流,加重了斯里兰卡卢比贬值带来的压力,2013 年斯里兰卡中央银行不得不进一步放松外汇管制,导致汇率再次贬值。2014 年,由于经常账户改善带动国际储备增加,卢比汇率保持稳定。2015 年,由于出口下降,贸易逆差处于较高水平,拖累卢比贬值,斯里兰卡中央银行数据显示,2015 年卢比对美元汇率年内贬值幅度累计达 8.0%。在相当长的时间内,斯里兰卡卢比存在贬值压力。一是由于该国出口形势没有明显改善,而进口需求持续增长,经常账户赤字回升压力较大;二是斯里兰卡外债压力大也增大了本币的贬值压力;三是美联储加息进程会导致新兴市场资本外流,给新兴市场货币带来贬值压力。

政策性风险

斯里兰卡重要的地中海战略位置日益引起世界各大强国的关注和角力,这势必影响斯里兰卡的外交政策。斯里兰卡对外政策的改变短期内必然导致中斯关系出现波动,并直接影响我国在斯里兰卡的投资项目。

斯里兰卡民选政府的更迭导致政治不确定性增大,新政府能否有效开展工作面临诸多挑战。政策不稳定易导致政策环境发生波动,政策稳定性和连贯性不强是斯里兰卡投资环境存在的主要风险之一。这从中国企业在该国建设的科伦坡港口城项目一波三折的推进过程中即可得到体现。但内战结束后斯里兰卡政局总体是稳定的,出现大的政治动荡的风险较小。国内安全局势总体稳定,短期内不会发生大规模武装冲突,但因为长期存在的复杂的民族、种姓、宗教冲突,偶发性小规模暴力事件难以排除。

财政赤字引起的风险

财政赤字是指年度财政支出大于财政收入的差额,会计上通常用红字表示,所以叫财政赤字,也叫预算赤字。当一个国家财政赤字累积过高时,就好像一家公司背负的债务过多一样,对国家的长期经济发展而言,不是一件好事,对于该国货币亦属长期的利空,且日后为了解决财政赤字,只有减少政府支出或增加税收这2项措施,对于经济或社会的稳定都有不良的影响。所以财政赤字会加大宏观经济和金融的脆弱性,而财政赤字问题一直是斯里兰卡国家风险的重要方面。

斯里兰卡政府长期受到财政赤字的困扰。2005—2012年,政府财政赤字占GDP的比重未低于6%;2009年起,随着政府在基础设施项目建设方面开支加大,政府财政赤字进一步攀升至GDP的9.9%。2011年以来,政府进行税收体制改革,扩大税基,简化税收体系。但与此同时,加大基础设施建设力度、提高公务员工资,以及不断开展灾后重建工作等举措,使财政支出也在迅速增加。因此,财政收入依然无法覆盖财政支出。不过,赤字水平有所下降,已经从2009年占GDP比重9.9%的高位回落至2014年的6%。未来斯里兰卡政府还将继续执行财政巩固政策,但赤字问题很难得到解决,主要原因在于该国为保持经济的快速发展、促进经济结构的多元化,在基础设施和人力资源方面需维持较高的公共支出水平。

增发货币是弥补财政赤字的一个方法,至今许多发展中国家仍采用这种方法。但是从长期来看,发行过量的货币必定会引起通货膨胀,将带来恶性后果。因此,用增发货币的方式来控制财政赤字只是一个权宜之计。通过发行公债来控制财政赤字是世界各国通行的做法,但斯里兰卡人均GDP较低,国民购买国债的能力有限。所以斯里兰卡财政收入主要来源于税收,包括开征新税、扩大税基和提高税率,所以税收风险较高。政府为增加税收,曾对年利润超过1530万美元的公司加征25%的税收,还对豪宅征收"豪宅税",并要求移动电话运营商和赌场运营商一次性支付一笔款项等。

　　斯里兰卡税负在南亚地区属于比较重的,且税收监管比较严格。与外商投资有关的,主要有企业所得税(10％～28％)、个人所得税(非居民,15％～20％)、增值税、经济服务税、关税(三级关税制,其中纺织品、药品和医疗设备是零关税,半加工原材料中间产品的关税是 15％,大部分成品关税是 25％)、国家建设税、社会责任税等。斯里兰卡的会计结算年度是从每年的 4 月 1 日到次年的 3 月 30 日。斯里兰卡税收政策经常发生变化,不断出台临时加征或取消税费的法令,给企业经营带来不稳定性因素。根据世界银行公布的 2020 年营商环境便利度指标中的"纳税"这一分项指标,斯里兰卡在 190 个国家(地区)中排名第 142 位。斯里兰卡依据投资的规模、产品出口比例、就业人数、投资领域等,给予外资企业不同程度的关税和税收优惠。这些优惠措施包括 4～25 年不等的免税期和让税期,公司进口的原材料设备和出口产品享有不同程度的关税减免优惠等。但从实际执行效果来看,由于政府财力吃紧,很难准时保质保量地兑现外资企业税收优惠承诺。此外,斯里兰卡对外资的税收优惠政策存在调整的可能。早在 2010 年,世界银行就曾建议斯里兰卡取消外国投资优惠政策,以增加财政收入,控制财政赤字。由于斯里兰卡的债务负担较重,该国取消外资税收优惠政策的可能性是存在的,也存在进行适度调整的可能。《中华人民共和国政府和斯里兰卡民主社会主义共和国政府关于对所得避免双重征税和防止偷漏税的协定》签订于 2003年,2005 年正式生效执行。

　　国有化和被征收的风险

　　1978 年以来,斯里兰卡对内实行市场化改革,对外实行贸易自由化和吸引外资等经济改革开放政策,被认为是南亚地区经济改革开放的先驱者之一。2009 年内战结束之后,斯里兰卡政府继续坚持对外开放政策,在诸多经济领域为外国投资的进入提供了便利条件,"坚持自由市场经济,采取对投资者友好的政策"。斯里兰卡宪法和相关法律规定:私人和外国投资不容侵犯,保障外国投资的安全;保护外国投资不被国有化;必要时对外国投资国有化,但将给予及时足额的赔偿。2011 年 11 月,斯里兰卡政府通过一项议案,允许将政府认为"运营不佳"或资产"未充分利用"的企业国有化,由权威机构管理相关企业,对企业的相关赔偿则由特别法庭负责。拒绝或未能遵守该法案的相关企业和人员还将面临高额罚金以及 10 年以下的监禁。数个商业团体抨击该法案将引起外国投资者疑虑。政府保证说,其举措旨在重振而非阻碍经济发展,但法案含糊不清的标书与对"运营不佳"企业模棱两可的界定使政府对企业采取国有化行动易如反掌。此议案最终导致 37 个企业被征收,虽然多数企业已倒闭,但也有几个较有活力的公司还在运行。斯里兰卡政府称,这些公司违背了它们与政府的土地租赁条约。

腐败触发的合规风险

斯里兰卡的腐败情况较严重,这也被视为外资进入该国的一个重大挑战。斯里兰卡的反腐水平较高,但由于该国中央政府集权且缺乏监管和透明性,反腐工作遇到很大挑战,效果并不理想。斯里兰卡有很多法律都是用来反对腐败的,但是执行力很弱,也不具备连续性。斯里兰卡还设立了贿赂和腐败调查委员会,该委员会具体负责调查腐败指控和法院提起诉讼的个人。法律规定,政府官员如果接受贿赂则构成刑事犯罪,最高可判处 7 年有期徒刑,并且法院对罚款有自由裁量权。其他一些政府机构也在试图解决腐败问题,其中起关键作用的是总审计长部门。然而,由于授权混乱,这些机构的主体地位难以发挥,也难以成为反腐的中坚力量。长期存在的腐败问题引起了斯里兰卡国内民众的不满,在 2015 年大选期间,主打"反腐牌"的西里塞纳赢得了民众的支持。西里塞纳上任后,斯里兰卡的反腐力度有所增强,腐败情况有所改善。根据透明国际公布的 2015 年清廉指数,斯里兰卡在 168 个国家(地区)中排名第 83 位,得分 37 分,相对于 2014 年的第 91 位有所提高。由此可见,斯里兰卡的腐败现象略有改善,但仍属于腐败比较严重的国家。

法律方面的风险

斯里兰卡的法律法规框架较成熟,给予外国投资者的法律保障较完善。斯里兰卡适用于外国投资的法规主要有《投资局法》《公司法》《交易管制法》《知识产权法》《争议仲裁法》等。其中,投资局 1978 年第 4 号法规(BOI Law No. 4 of 1978)、1980 年、1983 年、1992 年、2002 年和 2009 年的修订条款以及有关法律条文是适用于外国投资的根本法规。斯里兰卡是《关于解决国家与他国国民之间投资争议公约》(又称《华盛顿公约》)和《承认及执行外国仲裁裁决公约》(又称《纽约公约》)的签字国,并且根据《联合国国际商务仲裁示范法》进行了相关立法。斯里兰卡还与印度、巴基斯坦和欧盟等国家或一体化组织签订了自由贸易协定以及总关税同盟协定。目前,斯里兰卡至少已与包括中国在内的 28 个国家签署了双边投资保护协定,与包括中国在内的 38 个国家签订了避免双边征税协议。此外,中国与斯里兰卡还签署了互免国家航空运输和海运收入税收的协议。

概言之,斯里兰卡给予外国投资者权益的法律保障主要包括以下几个方面。

（1）宪法和相关法律规定私人和外国投资不容侵犯，保障外国投资的安全。

（2）双边投资保护协定受法律保护，任何立法机关、行政机关和管理机关不得违反。双边投资保护协定的有效期是 10 年。除非任何一方终止，否则协定自动延长有效。如果协定终止，已经进行的投资还要再受 10 年保护。

（3）保护外国投资不被国有化；必要时可以对外国投资进行国有化，但会给予及时足额的赔偿。

（4）资本、利润和业务费用可自由转让。

（5）依据《华盛顿公约》解决投资争议。

（6）不限制利润汇出，资本以及在经常项目下的外汇可自由兑换。

关于第六点有必要进行详细说明。斯里兰卡外汇管理由斯里兰卡中央银行负责，具体执行部门为外汇管理部（ECD），该部门于 1953 年根据《外汇管理法》设立。外汇管理部在 2014 年发布《斯里兰卡外汇交易指南》，与外国投资者相关的主要规定如下：允许非居民将资本以及出售由其拥有或开发的不动产所获得的资本收益汇回，但前提为该不动产是由通过国际银行渠道汇入斯里兰卡的资金购得或开发的；外国投资者可开立卢比或任意指定外币账户，并通过该账户汇入资金，可利用该账户自由汇出收益/股息/利润或其他与投资相关的所得，而不必通过中央银行。外国投资者在斯里兰卡可以设立海外公司的分支机构、联络处、项目组、代表处或其他类似的办事处，从事许可的商业、贸易或工业活动的海外公司，最低投资额为 20 万美元。除斯里兰卡政府规定禁止和受限制的领域或相关公司以外，外国公司可自由进行证券交易，因股票交易而产生的利息、分红、利润等，不受斯里兰卡外汇管制控制。此外,斯里兰卡原则上允许外资公司将银行账户上的外币汇回境外的母公司,利润汇出需要缴税,税率为10％,外加0.1％的借记税。

斯里兰卡的法律体系虽然较完备,但涉及争端解决、劳资关系、知识产权以及金融市场和并购等方面的部分法律已过时,需重新审定。同时,斯里兰卡投资监管体系的法规缺乏透明性和解释力,当按法规实施投资时可能会遇到阻碍。监管法律法规陈旧、监管程序复杂、政府干预多和法规的不可预测性都给投资者带来不便,外国投资者经常会在法律和法规的践行中出现问题。例如,斯里兰卡法律规定,对于违反知识产权保护法律的部门和个人,利益受侵害的一方可向国家知识产权保护办公室申诉,由国家知识产权保护办公室进行裁决。若双方对处理结果不服,可向当地法院起诉,由法院裁决。但调查显示,许多国外公司投诉斯里兰卡盗版现象严重损害了公司的利益,但政府的打击和处理程度不能让他们满意。

斯里兰卡所有涉案价值超过23000美元的商业争端都由科伦坡商业高等法院管辖。但是本国政府的过多干预,使投资争端的解决常常变得政治化,且斯里兰卡投资局和其他政府部门之间缺乏合作解决投资方面事宜的机制,无法为投资者提供有效的帮助,相关诉讼难度较大,受损失的外国公司即使获准赔偿,赔偿兑现常常也是遥遥无期。鉴于以上原因,斯里兰卡的外国投资者一旦遇到投资争端往往选择向中立的第三国寻求仲裁。以世界银行2020年营商环境便利度指标中的"执行合同"指标来衡量斯里兰卡执法成本,这一指标通过追踪一起支付争议案件,收集从原告向法院提起诉讼到最终获得赔付所花费的时间、费用和步骤来分析合同执行的各项成本。斯里兰卡在190个国家(地区)中排在第164位,执法成本明显高于南亚地区平均水平。以世界银行 2020 年营商环境便利度指标中的"办理破产"指标来衡量在斯里兰卡投资的退出成本,这一指标估算了破产程序的时间和成本,归纳了破产法规中存在的程序障碍。斯里兰卡在 190 个国家(地区)中排在第 94 位,在南亚地区竞争优势较明显。

斯里兰卡《劳工法》对工人权益保护非常严格,外资在对当地企业进行收购、兼并时不得随意开除工人,劳资纠纷处理困难。斯里兰卡工会力量较大,工会组织十分活跃,且一般都有相关的党派作为政治靠山,常常因政治因素在斯里兰卡爆发大规模的罢工或冲突。《终止雇佣法》的颁布使企业很难解雇工作时间在 6 个月以上的参与罢工的雇员,除非有证据证明雇员犯了原则性错误。在斯里兰卡,解雇纠纷虽然可以提交司法部下属的劳工审裁处处理,但该审裁处工作量已严重超标,处理周期非常长。

斯里兰卡建立了现代化商事仲裁制度,注重与国际接轨。斯里兰卡相继加入《纽约公约》及《华盛顿公约》等国际公约,并以联合国国际贸易法委员会制定的《国际商事仲裁示范法》为蓝本制定了《仲裁法案》,确立了仲裁庭自裁管辖原则等,并赋予当事人双方对仲裁程序更大的自由选择权。同时以瑞典斯德哥尔摩商会仲裁院为参照,成立了国际商事与实务仲裁中心,并按照其标准及规范对纠纷实施仲裁。斯里兰卡拥有的较完备的仲裁法律体制成为吸引外商投资的亮点之一。

中国民营企业扬帆远航斯里兰卡

斯里兰卡于 1978 年开始实行对外开放的经济政策,过去 40 多年来,斯里兰卡为外国投资者开辟了众多经济领域,积极创造有利于投资和经济增长的良好营商政策环境。在世界银行针对全球 190 个经济体发布的全球营商环境便利度指标中，斯里兰卡排名明显高于印度、巴基斯坦、孟加拉国等国，也高于南亚地区平均水平，表明其整体商业和投资环境好于南亚地区平均水平。从长期来看，斯里兰卡还会继续奉行对华友好政策，两国关系不会出现大的变化。2017 年双方签署《中华人民共和国政府和斯里兰卡民主社会主义共和国政府关于促进投资与经济合作框架协议》，中国对斯里兰卡的直接投资明显增加。未来斯里兰卡经济增长前景依然乐观，但下行风险增大，经济增长具有一定的脆弱性。斯里兰卡政府对外资特别是中资持欢迎态度，积极施行各项利用外资的政策措施，投资环境有望持续改善，中国民营企业在斯里兰卡能发现众多投资机会。

在斯里兰卡的十大类进口商品中，中国出口的机电产品、纺织品、家具、鞋类制品和陶瓷器皿处于较明显的优势地位，这些产业在中国有很深厚的产业集群基础。根据日本经济学家小岛清的边际产业扩张理论，中国现阶段对外投资的产业选择重点应该是那些曾经在国内获得高速增长，具有一定比较优势，而目前在国内正在逐步丧失竞争优势的劳动密集型、低技术和低附加值的成熟技术产业。政府若能制定更多扶持政策，鼓励这些具有相对优势产业的企业进驻斯里兰卡市场，就能更好地抓住市场机遇，发挥梯度产业转移效益，促进产业优化和升级，实现持续盈利。

斯里兰卡的投资环境较开放，对外资准入的限定较少，这主要是由于该国国内资金短缺，对外资的需求很大。道路业、供水业、公共交通业、金融业等大多数国家禁止外商投资的领域，在斯里兰卡都是允许投资的。在斯里兰卡，大多数工业部门和大量服务活动领域都允许外商 100% 持股投资，仅对个别领域有限制性规定。根据斯里兰卡投资局的规定，禁止外资投资的领域仅有少数几项——贷款业，典当业，少于 100 万美元的零售贸易，近海捕鱼，向个人或私人机构提供安全管理、安全评估和安全咨询等服务的行业。为吸引外资，斯里兰卡投资局制定了具体、详尽的外资优惠政策，在诸多经济领域为外资的进入提供了便利条件。优惠政策体现在外资准入、税收、外汇、土地等多个方面，并通过对不同行业、不同产品、不同地区制定不同的优惠政策，来促进并引导行业和地区的健康发展。同时，斯里兰卡投资局明确规定，在享受《投资局法》第 17 项条款和《战略投资项目法》的保障时，本国投资者和外国投资者待遇相同。此外，投资局承诺，当项目公司就合格投资项目与投资局签订协议时，该公司可以终身享有优惠待遇，政府更迭时，优惠待遇不变。这些条件对我国民营企业在斯里兰卡的投资和经营都是相对有利的。近些年，中国民营企业赴斯里兰卡投资的热情开始高涨，如华为、新希望、天元建设等民企纷纷在斯里兰卡设立代表处，投资领域覆盖旅游、酒店、农产品加工、渔业、家具制造、纺织、生物质发电、仓储物流、饲料等。

但是近年来陆续有企业反映斯里兰卡政策落实不力，现有的优惠经常得不到有效执行。比如斯里兰卡投资局承诺给予外国投资项目以免税期和免去进口关税等待遇，但由于财力吃紧，政府经常兑现不了对外资企业税收的优惠承诺，出现退税延缓的情形。斯里兰卡政府职能部门间缺乏有效协调，一些外商投资项目所需的土地、工程物资供应衔接不力，致使外资企业的项目成本超支。此外，斯里兰卡是劳动力大国，为保证本国劳动力就业，政府严格限制各类企业雇用外籍劳工。除承包工程项目或投资项目协议规定外，其他领域基本上不允许外籍劳务人员进入，而当地技术人才和高级管理人员较缺乏，影响企业日常经营和未来发展。所以中国民营企业未来在斯里兰卡进行投资需要特别注意对各类风险的防范。

中国民营企业在斯里兰卡投资经营的相关建议

密切关注政策变化,防范政治风险。斯里兰卡政策稳定性不强,会因政府更迭或外交政策调整而发生变化,这是中资企业在斯里兰卡要面对的最主要的政治风险。中资企业应关注斯里兰卡的政治局势,警惕政府政策变化带来的冲击和影响。同时,对于政治风险应采取相应的防范措施,如与执政党、在野党、中央政府和地方政府都维持良好关系,重视民意调查和媒体关系;优化投资模式,与当地企业合资经营;投保出口信用保险以转移政治风险;等等。斯里兰卡整体安全局势趋于稳定,但安全风险仍需警惕,偶发性暴力事件难以排除。除民族隔阂外,还需特别关注国内宗教冲突升级和周边恐怖主义活动外溢的风险。中资企业应加强对项目所在地安全形势的审查,建立健全安全制度,切实提高安全意识。

由于斯里兰卡经济结构失衡,长期保持"双赤字",外汇储备水平波动较大,对外资依赖度较高,因此经济较脆弱,容易受到外部风险因素的冲击。美联储货币政策调整、国际油价波动等因素均容易对斯里兰卡经济造成影响,进而导致投资环境恶化。因此,应密切关注经济运行相关风险因素,加强对经济走势的分析,以便及时采取风险防范措施。中国在斯里兰卡的投资几乎都集中在基础设施行业,这在加剧同质性竞争的同时,也容易造成风险的集中释放。近年来,斯里兰卡政府加大了对出口导向型制造业、出口导向型服务业和旅游业等行业的扶持力度,给予外资诸多优惠措施,鼓励外资进入,中国企业可在上述行业中寻找投资机遇。

遵守当地法规。根据中国与斯里兰卡双边投资保护协定的规定,只有"法律和法规允许"的投资才受到保护。因此,遵守当地法律法规是中资企业投资受到保护,以及在争端发生后寻求法律救济的重要前提。中资企业应加强对斯里兰卡投资、劳工、环保、土地等法律法规的了解,投资行为应按照法律进行,杜绝行贿等违法违规行为,避免因"非法投资"而丧失双边投资保护协定的保护。需好好研究斯里兰卡的税务制度。虽然斯里兰卡综合税率已经从 2011 年的峰值 112.9% 降低到 2017 年的 55.2%,纳税项也由 2011 年的峰值 71 项减少到 2017 年的 47 项,但与亚洲其他国家相比,斯里兰卡的税率还是偏高,税种偏多。其间与外国投资相关的税种都经历了一系列变化,税收政策频繁变化的同时税收优惠都附加了特定地区、金额及行业要求,税务豁免也是有条件的,这些情况都会给中国"走出去"企业带来不必要的税务风险,所以投资前详细了解斯里兰卡外资税收政策及其变化是很有必要的。

若人身和财产安全受到侵犯,可拨打斯里兰卡全国通用报警电话 118 或 119、科伦坡警察电话 0094-11-2433333、科伦坡旅游警察电话 0094-11-2421052;若需要咨询相关事宜,可拨打斯里兰卡政府信息中心电话 1919。当企业或个人的合法权益受到侵犯时,应向使馆领事部寻求领事保护和帮助;当企业遇到困难,尤其是遇到可能影响两国政治和经济关系的事件时,应及时向中国驻斯里兰卡大使馆经济商务处汇报和请示,在使馆经济商务处的指导和帮助下,及时妥善处理与解决问题。外交部全球领事保护与服务应急呼叫中心电话为 0086-10-12308 或 0086-10-59913991。中国驻斯里兰卡大使馆领保电话为 0094-11-2676033。中国驻斯里兰卡大使馆领事业务网址为 lk. chinese embassy. org/chn/lsyw。中国驻斯里兰卡大使馆经济商务处网址为 lk. mofcom. gov. cn。

斯里兰卡营商办事指南

问1：在斯里兰卡设立企业有没有形式规定？

答：目前斯里兰卡的法律对外国投资企业注册公司的形式，没有特殊规定，也就是说，中资企业可以在斯里兰卡注册个人独资企业、外商独资企业、合资企业、有限责任公司、股份有限公司等任何形式的公司。

问2：在斯里兰卡办理企业注册的受理机构是什么部门？

答：在斯里兰卡注册企业应向斯里兰卡公司注册登记处（Department of the Registrar of Companies）进行申请（查询网址：www. drc. gov. lk）。

问3：外国公司在斯里兰卡注册企业的大致程序是怎么样的？

答：在斯里兰卡公司注册登记处领取表格；在注册登记处数据库中查询拟注册公司名是否可用；提供母公司的备忘录和协议、申请人的申请信函、母公司董事成员资料、母公司的银行账户证明；如果母公司在斯里兰卡有投资合资协议，也应全部出示；母公司近2年的年度报告；授权书。

问4：在斯里兰卡承揽工程项目的程序是怎么样的？

答：准备在斯里兰卡承揽工程项目的，首先要获取相关可靠信息，主要关注2种渠道：一是斯里兰卡业主单位通过当地媒体或其官方网站发布的招标通告；二是当地雇主向公司发出的邀请。

企业在获取招标信息后,通常按照以下程序具体操作:①在指定时间去指定地点购买招标文件;②在对方招标前查看场地、咨询或答疑;③准备投标文件(技术、商务等);④在投标截止日期前交纳投标文件;⑤技术评标委员会评标,出具评比意见;⑥技术评标委员会的评比意见交内阁投标委员会批准和审核;⑦授标。

2017 年对外承包工程项目投(议)标核准证取消后,商务主管部门对一般项目实行备案管理。中资公司在斯里兰卡参加投标需办理相关手续。主要包括如下内容:通过对外承包工程项目数据库系统在线填报"对外承包工程项目备案表",将填好的表打印并加盖公章后,扫描为 PDF 或图片文件格式提交至系统;备案机关对项目是否属于特定项目管理范围进行甄别后完成备案,并向申请企业开具"对外承包工程项目备案回执"。

问 5:如何在斯里兰卡申请专利和注册商标?

答:外国公司或个人若要申请专利,需按照斯里兰卡相关的知识产权保护法律(第 36 号《知识产权法》)向知识产权保护办公室(National Intellectual Property Office of Sri Lanka)申请,也可委托知识产权保护办公室许可的相关代理机构进行申请。有资格代理申请专利或商标的机构可向斯里兰卡知识产权保护办公室查询。商标注册事宜也由上述知识产权保护办公室负责,具体程序和做法与申请专利相同。

知识产权保护办公室地址:3rd Floor, "Samagam Medura", No. 400, D. R. Wijewardena Mawatha, Colombo 10。联系电话:0094-112-689-368。官方网址:www. nipo. gov. lk。

问 6:企业在斯里兰卡报税的相关手续有哪些?

答:涉及报税时间、报税渠道、报税手续和资料准备。

(1)报税时间:个人所得税每月申报,报税时间为次月的 15

日前。增值税可按月申报或按季度申报。制造和金融企业以外的企业需要按月申报,报税时间为次月的 15 日前。制造和金融企业按季度申报,报税时间为季度次月的 20 日前。经济服务税按季度申报,报税时间分别为当年的 7 月、10 月的 20 日前,及下一年的 1 月、4 月的 20 日前。

企业所得税分 4 期申报,报税时间分别为当年的 8 月、11 月的 15 日前,以及下一年的 2 月、5 月的 15 日前,缴税基数先以上一纳税年度的税款为依据预缴,9 月 30 日会计年度期终决算完成后再汇缴清算应缴所得税额。具体情况见斯里兰卡税务申报日程表: www. ird. gov. lk/en/sitepages/default. aspx#。

(2)报税渠道:在当地,企业可通过斯里兰卡税务局报税系统自行报税,缴纳企业所得税所依据的会计报表须经当地有资质的会计师事务所审计通过,也可由会计师事务所代为申报,但需要由董事总经理或财务总监签署纳税申报单。

(3)报税手续:企业报税需要严格按照税务局规定的时间和手续要求,并提交有关文件资料,可以在网上申报,或人工提交材料到税务部门。

(4)资料准备:企业报税需要提交的文件包括纳税申报表、经会计师事务所审计的企业会计报表、付款支票等。

问 7:公司雇员或所请专家赴斯里兰卡的工作签证如何办理?

答:外国人到斯里兰卡工作,应得到斯里兰卡当地主管部门的工作许可批准。其中,工作所在行业的当地业务主管部门(雇主)负责接受申请和初步批准;斯里兰卡外国人就业管理办公室负责同意批准和登记;斯里兰卡移民局负责工作签证的办理。

外国人在斯里兰卡工作,需要经过严格审批。符合条件获准在斯里兰卡工作者,需遵守斯里兰卡《劳工法》中关于外国人雇佣管理条例的相关规定和斯里兰卡当地法规的规定,其中包括工作范围和性质以及签证、工资所得税等相关规定。按照斯里兰卡移民局规定,以下几种情况可以申请工作签证:①经斯里兰卡投资局批准的国有或私人项目的专业工程人员;②银行及其下属单位雇员;③志愿者;④非政府机构雇员;⑤各国驻斯里兰卡使领馆的项目机构或组织雇员;⑥私营企业及其下属单位的雇员。

外国人在斯里兰卡工作的申请程序如下:由公司提出申请;由公司所在的行业主管部门证明和批准;报斯里兰卡外国人就业管理办公室批准登记;由斯里兰卡移民局核对颁发入境许可;外国人入境后向上述部门申请居住签证。

同时需要注意的是,按照斯里兰卡移民局的要求,外国人赴斯里兰卡工作前首先要赴斯里兰卡驻外国使领馆获得入镜签证。抵达后,需到斯里兰卡移民局领取工作签证批准。外国人赴斯里兰卡工作切勿以旅行签证或商务签证入境,否则将无法更换为工作签证。

申请的个人需向所在公司提供护照复印件、学历和学位证书复印件、英文简历,按照移民局规定填写的居住签证表格和照片,移民局批准工作入境的信件及其他证明资料。入境许可签证申请所需文件有:完整的签证申请表;斯里兰卡雇主签发的确认雇佣关系的信件;斯里兰卡雇主的业务登记文件、项目文件以及其他适用的协议;斯里兰卡雇主所在行业主管部门或者斯里兰卡投资局出具的办理签证推荐信;申请人的护照复印件。申请斯里兰卡工作签证的费用为每次约2万卢比。斯里兰卡移民事务局网址:www. immigration. gov. lk。

问 8:可以在斯里兰卡投资买房吗？租房成本如何？

答:根据斯里兰卡现行法律,禁止外国公司和外国人购买土地,仅可通过租借形式开展投资活动,最长租期为 99 年,但需缴纳 100％印花税。如果通过在斯里兰卡设立合资公司购买土地,其外资控股不得超过 50％,但投资购买 3 层(不含)以上公寓住房,外国投资者可享受国民待遇(持有所属公寓的永久产权),住宅销售价格为 2780～3725 美元/平方米。斯里兰卡首都科伦坡地区工业厂房租金价格为每年 30～350 美元/平方米。居住用每月房屋租金价格:别墅,800～5600 美元;豪华公寓(设施齐全,有物业管理,三居室),700～3000 美元。商业用每月房屋租金价格:800 ～ 1800 美元 (可参见:www.lankapropertyweb.com)。

问 9:有哪些行业是鼓励外资进入的？有哪些行业是禁止外资进入的？

答:鼓励外资进入的行业如下。

农业方面:园艺、畜牧业(包括奶牛养殖、家禽养殖、养猪场等)、捕鱼业、以当地作物为原料的食品加工行业。

制造业方面:纺织服装、造船、制药、轮胎及配件、汽车零部件、陶瓷、玻璃、橡胶制品、化妆日用品、建筑材料、化肥、电器电子等高科技制造业等。

服务业方面:旅游业、酒店度假村休闲娱乐综合体、新能源开发、公共卫生及垃圾处理、水务、小型水电站、电信行业、信息技术与软件开发、服务外包、商业地产、仓储设施、工业园区、经济开发区或知识经济园区建设、商业住宅及城市开发、内陆航运开发(货运及游客)、所有轻工业和重工业、医疗服务设施、飞机维修、港口建设、船舶维修及拆解、针对外国人的服务业等。

外资禁入或受限制领域如下。

禁止进入领域:典当业、投资低于 500 万美元的零售业、近海渔业等。

经斯里兰卡投资局批准,外资可投资占比不超过 40％ 的领域(特殊情况下,投资局可特批超过 40％ 股比限制):生产受外国配额限制的出口产品,茶叶、橡胶、椰子、可可、水稻、糖及香料的种植和初级加工,不可再生资源的开采和加工,使用当地木材的木材加工业,深海渔业,大众传媒,教育,货运,旅游社以及船务代理等。

视外国投资金额,斯里兰卡投资局或斯里兰卡政府有关部门视情况批准的领域:航空运输,沿海船运,军工、生化制品及造币等敏感行业,大规模机械开采宝石和博彩业。

问 10:在斯里兰卡若雇用当地人,需支付的工资一般是多少? 用水用电成本如何?

答:2016 年斯里兰卡出台了《工人最低工资标准法案》。法案规定,不论从事何种生产或服务,工人的最低工资标准为 10000 卢比(约合 55.56 美元)/月或 400 卢比(约合 2.22 美元)/天。2019 年斯里兰卡政府修订《工人最低工资标准法案》,将最低工资标准提高至 12500 卢比/月(约合 69.4 美元)。在斯里兰卡,雇主和雇员须分别缴纳相当于雇员工资 12％ 和 8％ 的雇员公积金(EPF)。雇主还须缴纳相当于雇员工资 3％ 的雇员信托基金。此外,工龄超过 5 年的雇员离退休时,雇主须按该雇员上月基本工资的 50％ 与服务年限的乘积支付其退休金。斯里兰卡用水收费标准共分 14 种并实施阶梯水价,水槽车每吨 72 卢比(约 0.4 美元)。斯里兰卡电价分为家庭用电、宗教用电、工业用电、旅馆用电、政府机构用电等类型,收费标准可参见斯里兰卡公用事业委员会网站 www.pucsl.gov.lk。2019 年,斯里兰卡汽油平均批发价格为 623 卢比/加仑,约合 0.91

美元/升;车用柴油平均批发价格为 504 卢比/加仑,约合 0.74 美元/升;煤油平均批发价格为 350 卢比/加仑,约合 0.51 美元/升。

问 11:能否在斯里兰卡当地融资,融资成本大概是多少?

答:只有在斯里兰卡投资局注册的外资企业可在当地银行融资,且须由银行认可的母公司或第三方担保。世界银行发布的数据显示,斯里兰卡 2018 年 3 月的平均贷款利率为 11.55%。外国企业需要开具保函或转开保函,一般需要向银行提供相关资料。

问 12:在斯里兰卡能提供投资合作咨询的机构有哪些?

(1)中国驻斯里兰卡大使馆经济商务处。

地址:381/A Bauddhaloka Mawatha,Colombo 7,Sri Lanka

电话:0094-11-2670200

传真:0094-11-2670200

电邮:lk@mofcom.gov.cn

(2)斯里兰卡中国企业商会。

地址:Level 32,EastTower,World Trade Center,Colombo 1

电话:0094-11-2470998

传真:0094-11-2470997

电邮:mishuchu@cccsl.lk

(3)斯里兰卡投资局。

电话:0094-11-2427032、0094-11-2427000

传真:0094-11-2422407

网址:www.investsrilanka.com

(4)斯里兰卡驻中国大使馆。

地址:北京市建国门外建华路 3 号

电话:010-65321861

（5）UNDP 中国企业海外可持续发展办公室。

地址：北京市朝阳区亮马河南路 2 号联合国开发计划署

电话：010-85320733、010-85320776

（6）南南合作促进会海外投资项目信息中心。

地址：北京市东城区白桥南里甲 2 号

电话：010-65280465、010-56765617

网址：www. china-ofdi. org

（7）中国商务部研究院海外投资咨询中心。

地址：北京市东城区安外东后巷 28 号

电话：010-64515042、010-64226273、010-64515043

电邮：kgjyb@126. com

网址：www. caitec. org. cn

（8）斯里兰卡华侨华人联合会。

地址：3F, No. 481, Gall Road, Bambalapitiya, Colombo 4

电话：0094-11-2593044、0094-11-2594419

传真：0094-11-2593044

电邮：sloca1218@gmail. com, zhhby@yahoo. com

问 13：斯里兰卡相关政府部门有哪些？

（1）国防部（Ministry of Defence）

网址：www. defence. lk

（2）国家规划局（Department of National Planning）。

网址：www. npd. gov. lk

（3）斯里兰卡中央银行（Central Bank of Sri Lanka）。

网址：www. cbsl. gov. lk

（4）外部资源局（Department of External Resources）。

网址：www. erd. gov. lk

（5）项目管理与监测局（Department of Project

Management and Monitoring)。

网址:www. pmm. gov. lk

(6)斯里兰卡证券交易委员会(Securities and Exchange Commission of Sri Lanka)。

网址:www. sec. gov. lk

(7)国家保险信托基金(National Insurance Trust Fund)。

网址:www. nitf. lk

(8)斯里兰卡公共设施委员会(Public Utilities Commission of Sri Lanka)。

网址:www. pucsl. gov. lk

(9)斯里兰卡投资者委员会(Sri Lanka Inventors' Commission)。

网址:slic. gov. lk

(10)财政部(Ministry of Finance)。

网址:www. treasury. gov. lk

(11)贸易及投资政策局(Department of Trade & Investment Policy)。

网址:www. treasury. gov. lk/web/department-of-trade-andinvestment-policy

(12)管理审计局(Department of Management Audit)。

网址:www. treasury. gov. lk/management-audit-department

(13)法律事务局(Department of Legal Affairs)。

网址:www. treasury. gov. lk/web/department-of-legal-affairs

(14)国税局(Department of Inland Revenue)。

网址:www. ird. gov. lk

(15)管理服务局(Department of Management Services)。

网址:www. treasury. gov. lk/web/department-of-managementservices

（16）斯里兰卡海关（Sri Lanka Customs）。

网址：www. customs. gov. lk

（17）斯里兰卡保险局（Insurance Board of Sri Lanka）。

网址：ircsl. gov. lk

（18）移民事务局（Department of Immigration & Emigration）。

网址：www. immigration. gov. lk

（19）人口注册局（Department of Registration of Persons）。

网址：www. drp. gov. lk

（20）工商部（Ministry of Industry & Commerce）。

网址：www. industry. gov. lk

（21）商务局（Department of Commerce）。

网址：www. doc. gov. lk

（22）公司注册处（Registrar of Companies）。

网址：www. drc. gov. lk

（23）工业品出口和投资促进部（Minister of Industrial Export and Investment Promotion）。

网址：modsit. gov. lk

①斯里兰卡投资局（Board of Investment of Sri Lanka）。

网址：www. investsrilanka. com

②斯里兰卡出口发展局（Sri Lanka Export Development Board）。

网址：www. srilankabusiness. com

③进出口局（Department of Import and Export）。

网址：www. imexport. gov. lk

（24）工业发展局（Industrial Development Board）。

网址：www. idb. gov. lk

（25）食品委员局（Department of Food Commissioner）。

网址：www. fcd. gov. lk

（26）农业部（Ministry of Agriculture）。

网址：www. agrimin. gov. lk

（27）种植业部（Ministry of Plantation Industries）。

网址：www. plantationindustries. gov. lk

（28）锡兰电力局及其附属公司（Ceylon Electricity Board & its subsidiary companies）。

网址：www. ceb. lk

（29）大众媒体部（Ministry of Mass Media）。

网址：www. media. gov. lk

（30）住房建设部（Ministry of Housing & Construction）。

网址：www. houseconmin. gov. lk

（31）港口与航运部（Ministry of Ports & Shipping）。

网址：www. portmin. gov. lk

（32）数字基础设施与信息技术部（Ministry of Telecommunication & Digital Infrastructure and Information Technology）。

网址：www. mtdi. gov. lk

（33）斯里兰卡旅游促进局（Sri Lanka Tourism Promotion Bureau）。

网址：www. srilanka. travel

（34）斯里兰卡旅游发展局（Sri Lanka Tourism Development Authority）。

网址：www. sltda. lk

（35）斯里兰卡铁路局（Department of Sri Lanka Railways）。

网址：www. railway. gov. lk

（36）民用航空局(Civil Aviation Authority)。

网址:www. caa. lk

（37）斯里兰卡机场航空服务有限公司(Sri Lanka Airport & Aviation Services ltd)。

网址:www. airport. lk

（38）劳工与贸易联盟关系部(Ministry of Labour & Trade Union Relations)。

网址:www. labourmin. gov. lk

（39）劳工局(Department of Labour)。

网址:www. labourdept. gov. lk

（40）高等教育和文化事务部（Ministry of Higher Education &Cultural Affairs)。

网址:http://www. mohe. gov. lk;http://www. cultural. gov. lk

问 14:斯里兰卡相关投资服务机构有哪些?

（1）毕马威会计师事务所。

地址: 32A, Sir Mohamed Macan, Markar Mawatha, Colombo 3

电话:0094-11-5426426

传真:0094-11-2445872

（2）普华永道会计师事务所。

地址:100,Braybrooke Place,Colombo 2

电话:0094-11-7719700

传真:0094-11-2303197

（3）安永会计师事务所。

地址:201,De Saram Place,Colombo 10

电话:0094-11-2463500

传真:0094-11-2697369

(4)德勤会计师事务所在斯里兰卡的代理机构(SJMS Associates)。

地址:2,Castle Lane,Colombo 4,Sri Lanka

电话:0094-11-5444400、0094-11-2580409、0094-11-2503262

传真:0094-11-2582452

电邮:sjmsa@sjmsassociates. com

(5)德豪国际会计师事务所(BDO Partners)。

电话:0094-11-2421878/79/70

传真:0094-11-2336064

(6)F. J. & G. de Saram 律师事务所。

地址:216,De Saram Place,Colombo 10

电话:0094-11-4718200

传真:0094-11-4718220

(7)Julius & Creasy 律师事务所。

地址:NO. 41,Janadhipathi Mawatha,Colombo 1

电话:0094-11-2421056

传真:0094-11-2435451

(8)Sudath Perea Associates 律师事务所。

地址:NO. 5,9th Lane,Nawala Road,Nawala

电话:0094-11-7559944

传真:0094-11-7559948

(9)D. L. & F. De Saram 律师事务所。

地址:NO. 47,C. W. W. Kannangara Mawatha,Colombo 7

电话:0094-11-2695782

传真:0094-11-2695410

（10）专利、商标注册中介。

知识产权保护办公室官网有一系列注册中介的名单，详见 www. nipo. gov. lk/agents. htm。

（11）资产评估部（Valuation Department）。

地址：Valuation House，748，Maradana Road，Colombo 10

电话：0094-11-2694381

传真：0094-11-2694382

注：所有与斯里兰卡政府、国有企业相关的交易，资产评估部都会为政府资产提供资产评估服务。斯里兰卡本地没有大型资产评估事务所，但有个人执业资产评估师，大型项目会有多位资产评估师组成团队进行工作，资产评估部及各大银行可提供相关资产评估师信息。

参考文献

[1] 张荣建.斯里兰卡教育、语言与社会发展研究[M].北京:中国农业大学出版社,2018.

[2] 尼古拉斯,帕拉纳维达纳.锡兰简明史:从远古时期至公元1505年葡萄牙人到达时为止[M].李荣熙,译,北京:商务印书馆,1964.

[3] 江潇潇.斯里兰卡种姓研究[D].北京:北京外国语大学,2014.

[4] 王兰.斯里兰卡的民族宗教与文化[M].北京:昆仑出版社,2005.

[5] 索毕德.古代中国与斯里兰卡的文化交流研究:以佛教文化为中心[D].济南:山东大学,2010.

[6] 耿引曾.汉文南亚史料学[M].北京:北京大学出版社,1990.

[7] 佟加蒙.殖民统治时期的斯里兰卡[M].北京:社会科学文献出版社,2015.

[8] 刘艺.跨境民族问题与国际关系[D].广州:暨南大学,2006.

[9] 乔中雯.泰米尔问题的成因、发展与出路[D].北京:国际关系学院,2008.

[10] 江勤政.中国和斯里兰卡的故事[M].北京:五洲传播出版社,2017.

[11] 侯道琪."21世纪海上丝绸之路"视角下中国斯里兰卡关系研究[D].长沙:国防科技大学,2019.

[12] 林良光,叶正佳,韩华.当代中国与南亚国家关系[M].北京:社会科学文献出版社,2001.

[13] 王兰.斯里兰卡[M].北京:社会科学文献出版社,2004.

[14] 何道隆.当代斯里兰卡[M].成都:四川人民出版社,2000.

[15] 宋敏."一带一路"背景下中国与斯里兰卡经济合作研究[D].太原:山西师范大学,2017.

[16] 胡淑丽.中国企业直接投资斯里兰卡的法律环境分析:基于比较法的视角[D].杭州:浙江大学,2011.

[17] 商务部国际贸易经济合作研究院,中国驻斯里兰卡大使馆经济商务处,商务部对外投资和经济合作司.对外投资合作国别(地区)指南:斯里兰卡[EB/OL].2020年版.[2021-08-03].http://www.mofcom.gov.cn/dl/gbdqzn/upload/sililanka.pdf.